紅林　進

民主制の下での社会主義的変革

ロゴス

まえがき

この「まえがき」執筆時点の二〇〇一七年は、ロシア革命一〇〇周年だが、そのロシア革命が築いたソ連も一九九一年に崩壊し、「社会主義」に対する人々の期待は失われ、今日、「社会主義」に言及されること自体が極端に減ってしまった。ロシア革命一〇〇周年の催しも日本を含めて、本場ロシアでも、数えるほどしか行われなかった。

しかし「社会主義」を過去のものとして、忘れ去ってよいのであろうか。資本主義の矛盾の中から人類が生み出し、解放の思想としてきたもの、ロシア革命とソ連をはじめ、人類が試行錯誤し、大きな犠牲も払いながら生み出してきた歴史を無視してよいわけがない。失敗を含めてその貴重な経験を未来社会の創造に活かすべきである。

一方、米国をはじめとする資本主義は、ソ連が崩壊し、冷戦に勝利したとして、自らを制約するものがなくなり、資本本来の本性をむき出しにして、強欲な新自由主義政策をやりたい放題に進めている。一%が九九%を支配すると言われるような富の偏在、格差社会化も深刻である。

私は、搾取や収奪を生み、格差や貧困を生み出し、利己心を刺激し続ける資本主義がよいとは思わないし、それを克服するには社会主義が必要だと考える。具体的には、生産手段の私的所有を廃して、社会的共有に移し、労働力の商品化を廃して、労働者が生産の主体、主人公になることであり、すべてを市場にゆだねるのではなく、人々の下からの協議の積み上げによる分権的協議的計画経済を築き上げてゆくことが必要と考える。資本主義の下では「民主主義は工場の門の前で立ち止まる」と言われるが、経済面での民主主義の徹底が社会主義だと私は考える。

ところで今日では、ロシア革命の時代とは明らかに状況が違う。議会制民主主義の定着した社会にあっては、暴力革命ではなく、一人一票の投票によって、社会主義的変革への道を拓く可能性が生まれた。確かに九九％の人々、労働者、勤労者が団結すれば、一％の支配層を簡単に選挙で打ち破れそうであるが、現実にはそう簡単には行かない。まして旧ソ連の崩壊や朝鮮民主主義人民共和国などの現実により、「社会主義」に対して負のイメージの定着してしまった今日、「社会主義」に対して、人々を結集し、選挙によって「社会主義」に対して信認を勝ち得てゆくことは並大抵のことではない。しかしその道しかないし、それは可能だと私は信じる。

まえがき

本書では「民主制の下での社会主義的変革」がいかに可能であり、しかしさまざまな困難を伴うことを考察した論文を中心に、ベーシックインカムやモンドラゴン協同組合の経験、選挙制度の在り方などについて触れた諸論考を収録した。また私の属する社会主義理論学会の論集に載せた「マルクス主義と民族理論・民族政策」も収録した。

本書が「民主制の下での社会主義的変革」に向けた議論の一助になれば幸いである。

二〇一七年一一月

紅林　進

民主制の下での社会主義的変革　目次

目次

目　次

第Ⅰ部　社会主義への理論的探究

社会主義社会をどのように構想し実現するか

1　未来社会の構想について

私はあるべき未来社会は、まさに民主主義を通して、人々の選択によって決めてゆくべきものだと思う。誰かの個人的な青写真に基づいて決められるものではない。

但し未来に対する構想や青写真を個人や政党、団体が提起し、社会にその実現を訴えてゆくことは必要であり、その未来に対する構想とその実現可能性、そして現実の社会的課題、問題と取り組む中で、その構想や政策が試され、検証される中で、未来が選択されてゆくものと思う。

私は、基本的にマルクス経済学の立場、労働価値説の立場をとり、社会主義の実現が必要と考えているが、私にとっての社会主義のメルクマールは、生産手段の私的所有を社会的所有に移し、労働力の商品化を廃絶し、剰余労働、剰余価値の搾取をなくし、労働者が生産現場の主人公になり、そして生産、経済の運営を意識的計画的に行うことと考える。但しマルクス経済学のテーゼを含めて、教条的に主張するのではなく、それは他の科学的諸法則同様、事実に基づく科学的検証を加え、誤りが明確になれば修正すべきものと考える。特に実現すべき社会主義像については、旧ソ連などの二〇世紀型「社会主義国」が崩壊した今日、根本的に再検討と新しい社会主義像の構築が求められている。

『資本論』に代表されるマルクスの経済学・経済思想については今日でもその輝きを失っていないと私は思うが、政治理論、革命論については、その時代的制約は明らかであり、根本的再検討が求められている。

議会制民主主義の定着した今日、体制選択の問題は、選挙を通じて、議会の多数を獲得する中で、その支持を獲得してゆくほかない。

それでは、再構築されるべき、私が考える新たな社会主義像を、経済面を中心に考察し、最後にその実現方法を述べてみたい。

2　新たな社会主義経済像

先ず経済制度であるが、資本主義は、経済的自由を基本とするが、自由は経済的自由だけではないのであり、経済的自由のみを強調すれば、弱肉強食の社会を生み出し、多くの人々の自由や生活を圧迫することになることは明らかであり、今日の新自由主義はそれを現出させている。

そして、資本主義は何よりも、形骸化した「機会の平等」は言っても、実質的・根本的な不平等と格差を生み出す。「機会の平等」とはいっても、私有財産制の下、生まれながらの経済的不平等が存在し、競争は絶えず、実質的な不平等を生み出す。そして何よりも重要なことは、生産手段を所有しない労働者は、それを所有する資本家や、資本主義企業の下で、労働力商品としての雇用労働を強いられ、剰余労働、剰余価値を搾取される。マルクスが明らかにした、この労働力の商品化と剰余労働、剰余価値の搾取の構造こそは資本主義の本質的問題である。資本主義は利潤追求を動力とし、無政府的な市場経済活動により、労働者の労働環境や生活を圧迫し、環境破壊を含めたさまざまな社会問題を引き起こす。このような資本主義を廃止して、生産手段を社会的所有に移し、搾取をなくし、労働者を生産現場の主人公とするのが、そして市場経済に任せるのではなく、社会的合意の下での、意識的計画的な経済運営に変えるのが社会主義経済である。

3　生産手段の社会的所有

工場や生産設備などの生産手段は、私有制を止め、社会的所有に移すべきである。もっとも個人あるいは家族経営などの小規模生産者には生産手段の私的所有もある程度認められてよいとは思うが、大規模な工場や生産設備などの生産手段は社会的所有とし、私的所有は認めるべきではない。資本家や資本家階級による生産手段の私的所有を廃してこそ、資本による剰余労働、剰余価値の搾取をなくすことができる。

もちろん、「社会的所有＝国有・国営」ではないのであり、社会的所有には協同組合的所有や自治体による所有などの多様な形態が考えられる。所有権は国有にして、使用権を与える等の方法も考えられる。

資本家、資本主義的経営者による搾取や支配がなくなっても、旧ソ連で見られたように、それが官僚による労働者支配に取って代わったのでは、労働者の解放にはつながらない。生産現場の労働者が主人公、真の主体となれる企業形態が求められる。

消費財については、私的所有を認められるべきである。ただしそれも絶対的なものではなく、公共の利益のために制限・制約される場合もあり、また基本的には相続財産として、それが、不平等が世襲されてゆくべきではないと考える。具体的には高度に累進的な相続税等によって、私有財産が世襲的に相続されてゆかないようにする必要がある。住宅の平等な使用権、居住権は保障されるべきだが、土地や不動産は、基本的に公有とすべきであると思う。

但しこの所有制度、所有関係の変更は、それを所有している階級、人々のものすごい抵抗を生むので、社会全体の動きや階級的力関係を見ながら、慎重に進めるべきであると思う。

資本主義から社会主義への過渡期においては、多様な所有制度、所有関係も避けられない。

4　労働者協同組合、労働者自主管理企業、アソシエーション型社会

私は国有、国営企業だけでなく、労働者協同組合、労働者自主管理企業が生産の基本単位になるべきだと考える。マルクスが述べたから正しいというわけではもちろんないが、マルクスもこの労働者生産協同組合を高く評価し、その著『フランスにおける内乱』では、「もし協同組合の連合体が、ひとつの計画に基づいて生産を調整し、こうしてそれを自分の統制の下におき、資本主義的宿命である不断の無政府状態と周期的痙攣（恐慌）とを終わらせるとすれば、諸君、これこそは共産主義、〝可能な〟共産主義でなくて何であろうか！」とも述べている。

労働者の解放とは、搾取が廃絶され、官僚的な支配から解放され、安全な労働環境と人間的な労働が保障され、労働者の自己決定権が保障されて、労働者が生産、職場の真の主人公、主体になることである。

ただ労働者自主管理企業といっても、旧ユーゴスラビアでの実験が、必ずしもうまくゆかなかったように、労働者による名目的な「自主管理」であったり、党（旧ユーゴスラビアの場合は「共産主義者同盟」）の支配が前提としてあったり、労働者自主管理企業による、労働者間の分断や狭い集団利益にとらわれた企業行動や企業利益を求めての市場経済的競争等を防ぐ仕組みも必要である。（もっとも、旧ユーゴスラビアの崩壊は、この労働者自主管理企業制度の問題というより、

民族対立とそれを生み出した市場経済による、地域間経済格差の拡大が根本的原因と私は考える し、西側諸国による介入もそれに拍車をかけた)。

また労働者協同組合といっても、世界的に有名なスペインのモンドラゴン協同組合グループの中心企業「ファゴール」(スペイン最大手の家電メーカーであった労働者協同組合企業)の倒産(二〇一三年)に見られるように、それが抱えるさまざまな課題も多い。

労働者自主管理企業にせよ、労働者協同組合にせよ、狭い自己利益、自企業利益にとらわれず、消費者や利用者、そして地域住民も参加した、協議、決定の仕組みと、企業横断的な連携・連帯が同時に求められている。

そしてこのような自己決定、協議の仕組みは、労働・生産の現場だけでなく、社会のあらゆる部門、生活のあらゆる場で求められる。学校や教育の場、地域社会や文化活動、余暇活動等々である。当事者参加型の、閉鎖的ではない開かれた共同体の形成である。いわゆる「アソシエーション」型社会の形成といってよい。

5 分権的、協議的、下からの計画経済

資本主義的、市場経済的無政府性を克服し、意識的、計画的に経済を運営してゆくためには、計画経済が必要である。しかしその計画経済は、旧ソ連で失敗したように、中央集権的指令経済

であってはならない。計画経済といっても、旧ソ連型の中央集権的指令経済ではなく、分権的で、人々の主体的な参加、創意工夫が活かせるシステムにすべきであり、当面は市場経済的要素も制御された形で活かすべきである。旧ソ連のような官僚支配に陥らないためには徹底した下からの参加型の民主主義と情報公開が必要である。

計画経済の要の経済計画の立て方も、旧ソ連型のように中央官僚が一方的に決め、命令するのではなく、下からの議論の積み上げと、社会的、国民的議論を踏まえた大枠計画の策定と、それに基づく、各レベル段階に合った、その実情を反映する柔軟な各段階の計画を打ち立ててゆく必要がある。分権化した下からの協議的計画策定といってもよいであろう。また硬直した計画にならないように、絶えず、フィードバック、検証を重ね、柔軟に対応できるようにすべきである。旧ソ連、東欧、中国で経験された失敗の分析と教訓を踏まえた新たな下からの計画経済の創造が必要である。

6　社会主義における分配原則

マルクスは『ゴータ綱領批判』において、共産主義の低次段階では、「能力に応じて働き、労働に応じて受け取る」、高次段階においては、「能力に応じて働き、必要に応じて受け取る」という分配原則を述べているが、私はこの「労働に応じた分配→必要に応じた分配」という方向性は、実質的平等の深化・実現という観点から、追求されるべき方向だと考えるが、ただこれは二段階論的に分けて考えるべきではないと思う。必要に応じた分配は現在の資本主義制度の下でも、日本の現行の公的医療保険などでは、部分的に一定程度は実現されている面もあり、実現可能なところから、それを導入・拡大してゆくべきものと考えている。なお「必要に応じて」を「欲望に応じて」と訳す人もいるが、私は、個々人の欲望のままに受け取るということではなく、社会的に合意された「必要」に応じて分配するということであると考える。日本の現行の障がい者福祉においても、認定された障がいの程度に応じて、給付されるのであり、また公的医療保険の対象も審議会を通していわば社会的合意の下に決められるのである。

ところで日本共産党は二〇〇四年の第二三回党大会で党綱領の改定を行い、不破哲三議長（当時）の主張に沿い、『ゴータ綱領批判』にあるこの分配原則を削った。私自身は、『ゴータ綱領批判』のこの部分は、共産主義社会における分配原則として重要な部分であり、不破氏の言うように軽々に扱ってよい問題ではないと考えるし、不破氏の見解には同意できない。もちろん不破氏個人の見解としては、それは自由だと思うが、そしてマルクスが言ったことだからすべて正しいということではなく、現代的観点から再検討し、変えるべきところは変えるのも当然であるが、党議長が提案したからといって、党綱領という党の一番基本的な重要な文書、それも党のめざすべき未来社会の究極目標に関わる文書を、学者・研究者の充分な議論も踏まえた全党的な議論もなく、そう軽々と変えてよいものであろうか、強い疑問を感じる。

私は、「労働に応じて受け取る」、「必要に応じて受け取る」以前に、社会主義においては、まず生存権が具体的、完全に保障されなければならないと考える。今日の資本主義の下でも、「生存権」は日本国憲法を始め、謳われているが、現実には保障されていないのが現実である。特に新自由主義の下、格差と貧困が広がり、社会保障が縮小される中で、まさに人々の生存権が脅かされる事態に陥っている。私はベーシックインカムについては、一律の金銭支給というこの方式だけでは、必ずしも実質的平等は達成されず、必要に応じた現物給付などと組み合わせることが必要と考えているが、社会主義における生存権保障の重要な要素にはなると思う。資本主義の下でも、ベーシックインカムを求める運動は重要であるが、資本主義の下では、その完全な実現は困難であり、社会主義においてこそ、それが実現できるものと考えている。

7　社会主義の下での市場経済

「資本主義」と「市場経済」はイコールではない。市場経済は、資本主義以前にも存在したし、より広い概念であり、市場経済が労働力の商品化を通して、生産を支配し、全社会的に全面化したものが資本主義である。

したがって、私は生産手段の社会的所有に基づく社会主義の下にあっても、部分的に市場経済が存在し、機能することは可能であると考える。但し市場経済は、絶えず利潤追求の行動と人々の意識を生み出し、その意味では資本主義復活の温床になる側面もある。その意味で市場経済の拡大に対する一定の歯止めと規制は必要であり、現在の中国のように「社会主義市場経済」を標榜し、市場経済だけでなく、資本主義までも、かなりの部分で導入している経済構造は、本当に社会主義といえるのかという強い疑問も抱かざるを得ない。

なお原理的には、市場経済を一切排除した経済運営も可能であると考えられる。たとえば村岡到氏が提唱した、貨幣とは違って蓄財機能を持たない、しかし消費選択の自由は確保する、生産物やサービスの引き換え券としての「生活カード」システムを、市場経済に代わる流通システム（正確には「生活カード」は「引き換え券」として消費されるのであり、「生活カード」が貨幣のように流通するわけではないが）として構想することはできる。しかしそれはコンピューター管理による、全社会的管理を必要とし、管理社会化や安全性に関する危険も伴う。もっとも、現在の資本主義社会においてもクレジットカードシステムや、「スイカ」などのプリペイドカードも広範に存在することを考えると、決して非現実的な構想ではない。したがって市場経済や貨幣による流通だけが絶対ではなく、市場経済に代わるあらゆる試みも追求されるべきであると私は考える。

8　労働からの解放、労働の解放

資本主義の下で、労働者は、資本の下に隷従した労働を強いられ、剰余労働を搾取され、資本のための生産の歯車のひとつとして、人間的全体性を無視した労働を強いられてきた。そのような苦痛を伴う労働、資本主義的賃労働からの解放が、まず必要である。

しかし資本主義的賃労働から解放されても、旧ソ連で見られたように、資本主義的賃労働に代わって、官僚が支配する他律的労働、ノルマに追われる労働も、労働者にとって、決して解放された労働とはいえない。

労働者の自己決定権が保障され、労働者が自主的、集団的に生産を組織し、職場、生産の主人公になる必要があり、それを保障する制度的仕組みが必要である。

しかし労働そのものは、個人にとって一定の制約を課し、労力を必要とし、決して楽しいものとばかりは限らない。したがって労働自体を軽減し、労働時間を短縮することは必要である。社会主義の下では、剰余労働が資本に搾取されなくなる分、労働時間の短縮も可能になる。また資本主義の下で、資本の利潤増大と労働者の排除や支配のために使われてきた機械化・合理化・自動化・ロボット化も社会主義の下では、労働者の労働の軽減と労働時間の短縮のために用いることが可能となる。

ところでマルクスは『ゴータ綱領批判』において、「共産主義社会の高次段階においては、労働そのものが第一の生命欲求となる」と述べたが、これはまさに労働が喜びになるということであり、これこそは、究極の「労働の解放」である。資本主義の下でも、芸術家の創造活動はまさに「第一の生命欲求」であり、喜びである。また余暇として楽しむスポーツや諸活動は、喜びでもある。すべての労働がそのようになるとは考えられないが、労働自体を人間化し、個性の発揮や自己実現ができるような労働環境、社会を作ってゆくことは重要である。資本主義の下でも「ディーセントワーク」(働きがいのある人間らしい仕事)が課題とされているが、労働時間を短縮して、余暇時間、自由時間を増やすだけでなく、労働自体を、個人にとっても意義あるものに変えてゆくことも同時に必要であるし、それは社会主義の下で、真に可能となる。

9　生産力の発展について

利潤追求的な資本主義の成長主義、旧来のマルクス主義に強くあった生産力主義がよいとは私は思わないし、資源の制約、有限性を考えると、それは持続可能ではない。しかし一定の生産性の向上、生産力の増大は必要である。「生産性の向上、生産力の増大＝生産量の量的拡大・増大」ではない。生産力の増大には量的拡大だけでなく、質的向上も含むのであり、質的向上は絶えず追求されねばならないし、生産性の向上とは、労働や資源の節約ということでもあり、労働時間の短縮につながる。このことは非常に重要である。

なお従来の先進国革命論には、資本主義の高度な生産力を前提に社会主義に進めるというものであったが、確かに大きく言えば、その側面はあるにしても、利潤追求という資本主義の動力そのものを根本的に変えるわけであるから、資本主義の生産力をそのまま引き継げるものではない。資本主義の利潤追求という動力に変わる動力を創造・構築してゆかねばならない。それは現場の労働者（技術者を含む）、そして利用者、消費者の主体的、積極的参加による創意工夫とニーズの掘り起こしとその製品化、その改良・改善、ボランタリー精神の発揮、等々、さまざまな工夫が必要である。一定の物質的刺激も否定されるべきではなく、特に資本主義から社会主義への移行期、過渡期には、それも広範に残らざるを得ない。

社会主義の経済制度は、人民の生存権を具体的に保障するものでなければならず、人民を飢えさせることなどあってはならないし、そのような体制は社会主義以前に経済制度として失格である。

10　社会主義の下における政治制度

社会主義の下においても、現在の議会制民主主義を引き継ぎ、直接民主主主義的要素、参加民主主義的要素も大幅に取り入れ、拡大して、誰でもが真に参加できる民主化を徹底すべきである。

その場合、徹底した情報公開も同時に必要になる。また官僚の特権の廃止と特権化の防止、人民、住民による行政や官僚に対する監視とリコール制の導入も必要である。また官僚任せにするのではなく、住民自身が行政に参加し、自ら執行することも必要である。

一〇〇年前のロシア革命の時代はいざ知らず、民主制の下での暴力革命は許されないし、マルクス・レーニン主義が唱えた「プロレタリア独裁」は否定されるべきであり、もちろん、一党独裁も許されない。複数政党制と、誰でもが参加できる、公正、自由・平等な選挙制度、選挙に基づく民主的で平和的な政権交代、立憲主義と人権の徹底保障とその具体的実現、権力分立と権力に対するさまざまなチェック機能、相互抑制、あらゆる面における参加型民主主義を徹底すべきである。

ところで資本主義的支配がなくなったからといって、それに代わる官僚などの支配が発生する可能性があることは、旧ソ連などの経験が示しており、油断すれば、絶えず、特権的権力は発生する危険があり、「権力は必ず腐敗する」側面があり、それを念頭にさまざまなチェック機能を用意しておくべきである。

プロレタリア民主主義というかどうかは別として、社会主義の下での民主主義と資本主義の下での議会制民主主義との大きな相違は、社会主義の下での民主主義は、生産点、生産現場における労働者参加、その自己決定に基づく参加型民主主義の徹底であろう。「工場の門の前で民主主義は立ち止まる」と言われるような、資本主義の下での、民主制の制約・限界を突破し、民主主義をあらゆる面で徹底するのが、社会主義だと、私は考える。経済民主主義の徹底といってもよい。

11　資本主義から社会主義への移行

先述したように、一〇〇年前のロシア革命の時代はいざ知らず、民主制の下での暴力革命は許されないし、議会制民主主義の下で、社会主義をめざす諸政党が選挙で多数派を獲得し、政権を獲って、有権者の多数派の同意を得ながら一歩一歩、社会主義的政策を進めるほかない。有権者の支持を得られなければ、下野するほかない。前進も後退もある、一直線には行かない紆余曲折が予想される。その過程で当初描いた社会主義的政策の支持、合意が得られず、実施できないかも知れない。長期的には諦めるべきではないが、人民がそれを望まないのであれば、その政策が間違っていたことも含めて、真摯に再検討すべきであり、自分たちの主張が絶対だと固執しない謙虚さも必要である。

一方、社会主義実現に向けた努力は、議会内の多数派形成、社会主義を志向する政権の樹立、社会主義的政策の実施、法律を使った上からの規制という垂直方向の運動だけでなく、社会主義への人々の意識を変え、支持を拡大してゆくという、水平方向の運動、職場、企業の内外で、資本と闘い、労働者の権理と成果を守り拡大し、労働者の連帯、団結を作りだしてゆくという労働運動やさまざまな社会運動も重要である。そして、自分たち自身で、社会主義的、あるいは非営利的な経済組織や諸組織、構造を作り上げてゆくといういわば斜めの運動の三方向の運動が重なり合って、社会主義的変革が形成、実現されてゆくものだと思う。

この第三の斜めの運動は、必ずしも意識的に社会主義を志向していないものでもよい。たとえば、それが社会主義を志向していないものであったとしても、非営利・協同セクターの形成は、経済組織としても、資本主義の利潤追求の意識から人々を解放し、社会主義に親和的な意識を広め、高めるためにも重要である。同様にさまざまな課題に取り組むNPOやNGO、ボランティア団体の拡大やボランティア活動の普及も重要である。それ自体は社会主義的志向性を持っていないとしても、社会主義や人々の連帯に基づく社会を作るうえでの良い土壌を形成する。特にアソシエーション的な社会主義の形成にとっては、このことは特に重要である。

良くも悪くも、旧ソ連型の現存した、目に見える形の「社会主義体制」が崩壊した今日、それに代わる、目に見える形で、自ら体験、実感できる形での資本主義に代わるオルタナティブなあり方を現出させてゆくことが必要である。そして自分たちは社会を変えられるのだ、資本主義に代わる社会を作れるのだということを多くの人々に実感してもらうことが必要である。

社会主義的変革の可能性と困難性

1　「ルールある資本主義」ではなく「社会主義」を

二〇〇八年のリーマンショックによる世界経済危機は、新自由主義、市場原理主義、カジノ資本主義の破綻を誰の眼にも明らかにした。しかしこれは単に新自由主義という資本主義の一形態の破綻のみならず、資本主義という経済・社会体制そのものの問題性、限界性を示している。資本主義自体の危機は、資本主義の牙城である米国政府自体がGMを「国有化」せざるを得ない事態を見ても明白である。カジノ資本主義、行過ぎた市場経済化を改めて、「ルールある資本主義」、「よりましな資本主義」に戻せばよいのではない。資本主義という体制自体を変える必要がある。

「資本主義」とは、まさに「資本」が第一であり、主体であって、「利潤」の追求を動機、動力とする経済・社会体制である。そこでは、生産手段が資本家や資本家集団に私的に所有され、一方では労働者は生産手段から切り離され、労働力が商品化されて、資本の下で働かされ、剰余労働の搾取が行われる。同時に資本家や企業間では、利潤の獲得と増大をめぐって、激しい競争が行われる。

資本の本性として、絶えず搾取の拡大や労働強化を図ろうとするのであり、それを抑えるのは労働者の抵抗と社会的圧力や法的規制以外にない。旧ソ連などの「社会主義陣営」や国内での「左翼勢力」が資本主義に対抗するものとして、厳然として存在していた時代には、社会主義革命を恐れて、資本主義（資本家）の側も資本の本性に任せて、勝手気ままに振舞うことはできなかった。「社会保障」を行ったり、社会主義的要素も部分的に取り入れて、「混合経済」や「福祉国家」を標榜せざるを得なかった。しかし「社会主義陣営」が崩壊して以降は、それに制約されることがなくなり、勝手気ままに利潤を追求してきた。その結果、社会保障や福祉は切り捨てられ、弱肉強食の格差社会が出現し、経済はカジノ化した。労働者は単なる「物」として扱われ、労働条件は切り下げられ、非正規化等雇用の不安定化、劣悪化をもたらした。

私は資本主義の矛盾を解決して、人類を解放する社会は社会主義社会だと思う。確かに旧ソ連型の一党独裁の中央集権的・指令経済的社会主義は失敗した。しかし旧ソ連型の社会主義だけが社会主義ではない。もっと民主的な形の、分権的な社会主義もありうる。他の人は旧ソ連型だけでなく、毛沢東型の社会主義も、旧ユーゴ型の労働者自主管理社会主義も共に失敗したではないかと言うかも知れない。確かにそうである。その失敗を検証し、その誤りを繰り返さないようにすることは非常に重要である。しかしその失敗には多様な要因が絡まっており、それらの失敗をもって社会主義自体の失敗や実現不可能性を言うことは正しくない。

「社会主義」と言っても、人により定義や意味するものは違うが、私が考える社会主義とは、「生産手段の社会的共有の下に搾取をなくし、利潤を目的としたり、利己心を動機として経済活動を行うのではなく、また経済の運営を市場経済にゆだねるのではなく、働く者が主体となり、人々の連帯と協力を基礎として、民主的に協議、協同して、経済を計画し、運営する社会」とでも言うべきものである。

資本主義を否定する「社会主義」ではなく、資本主義や市場経済を前提にして、社会保障や福祉等、分配面で格差を是正すればよいとする、あるいは生産手段の私的所有と賃労働を前提としつつ、労資協調を図ろうとする「社会民主主義」しかこれからはないように言う人々もいるが、果たしてそうだろうか？　格差や不平等を生む背景には、生産手段の私的所有がある。利潤動機の市場経済を前提にするのでは、人々は利己的になり、人間性や社会は荒廃する。また景気変動や今回のような経済危機も避けられない。不平等を構造的に生み出す、生産手段の私的所有という資本主義の制度そのものを変える必要がある。

なお生産手段の私的所有は廃止して、社会的所有に変えるべきであるが、それは、すべてを国有・国営にすることとは異なる。私は、労働者自主管理を基礎にした協同組合やアソシエーションを一般的な単位とすべきだと考えており、マルクス自身も『フランスにおける内乱』で、そのような構想を述べている。

旧ソ連の崩壊後、資本主義に代わる社会について、「社会主義」と言わず、「オルタナティブ」等と呼ぶ傾向が強い。かつて「社会主義」を叫んでいた人々もめったに「社会主義」とは言わなくなった。「社会主義」という手垢の付いた用語を避けて、もう一度一から社会の在り方を考え直し、追求しようという人々もいる。それはそれで一理あるが、私は「社会主義」を掲げて、人類が巨大な犠牲や失敗も伴いつつ、苦闘し、追求してきた理想、そして貴重な経験を捨てるべきではないと思う。

人間には誰でも利己的側面もあることは否定できないし、社会体制が変わったとしても、生物としての人間の本性自体が変わるわけではない。確かにマルクスを含めて、これまでの社会主義者は、社会体制が変われば人間性自体も変わるように夢想し、きわめて楽観的な人間観、性善説(性善説は現実にそれが通用しない時、容易に性悪説に転換しうる)に立っていた側面も色濃くあり、それが現実の経済・社会運営、社会主義社会の構築において失敗した一つの要因でもあった。しかし人間には、この利己心と同時に他者と共感し、連帯を求める側面も同時に持っている。人間の利己心を動力とした資本主義の経済学体系を築き上げたアダム・スミスは同時に『道徳情操論』を書き、人間の「共感」を取り上げ、重視した学者でもあった。社会は、そして社会主義は、生物としての人間の本性自体を変えることはできないが、その発現の在り方、個々の人間性の育成は変えることはできる。資本主義は人間の利己的側面のみに焦点を当て、それを助長し、その利己心を動力とする社会であるが、それに対して社会主義は、人間に利己的側面があることは認めつつも、人間のその利己的側面を抑えて（単なる抑圧は誤り）、利他的側面、連帯する側面を伸ばし、単なる精神論ではなく、利他心を発揮できるような社会の仕組み、システムを作ってゆくべきだと思う。

ところで近年、中南米を中心に「連帯経済(1)」という、利潤目的ではない、人々の連帯に基礎を置く新たな経済の在り方も追求され、実践されているが、このような連帯経済を求める運動も含めて、民衆レベルでの社会主義に対する構想の豊富化、具体化を図り、それらを社会主義を求める運動につなげてゆくことが必要である。

2　市場と計画——下からの分権的協議経済的計画化

ここで市場経済と社会主義の問題を整理しておく必要がある。なお「資本主義」と「市場経済」は分けて考える必要がある。資本主義は市場経済が全面化した社会であるが、市場経済は資本主義成立以前から存在した、より広い概念である。人間、労働力を含めて全面的に商品化し、生産手段の私的所有の下、労働者を搾取して、利潤動機に経済を運営する資本主義は廃止されねばならないが、そして市場経済に様々な問題や利己的動機を助長する側面があることは事実であり、それを抑え、計画経済的要素を拡大する必要があるが、将来的、最終的に「市場（経済）」を完全に廃止すべきかどうか、廃止できるかどうかはわからない。それについては社会主義者の間でも意見が分かれ、近年は市場を前提とする「市場社会主義」の主張も強い。「市場を通して社会主義へ」という主張もある。「社会主義市場経済」を標榜する中国の現実も大きい。

一九二〇年代から三〇年代にかけて、社会主義経済は可能かどうかという、ハイエク、ミーゼス、ドッブ、ランゲらの「社会主義経済計算論争」もなされたが、その論争でも明らかになったように論理的には、市場をなくして経済を計画的に運営することは可能である。村岡到氏が提唱する、貨幣に代えて消費財やサービスの引き換え手段としてのみ機能し、流通や蓄財の手段とはならない「生活カード制」も市場経済を克服するひとつの選択肢である（私はこの「生活カード制」については、管理社会的な面からある種の懸念も持っており、それについて『カオスとロゴス』第五号（一九九六年）に書いた（本書に収録）。

市場経済には、利己心を刺激し、人々を競争、敵対させ、貧富の格差を生み、搾取を生むという、さまざまなマイナス面がある。ただし市場経済には、それが利潤動機に基づくものではあっても人々の自発性、積極性を生みだし、経済の「活性化」（その質の問題は非常に問題だが）を生みだすという側面もある。売買、とりわけ購入は、貨幣による投票という側面も持つ。それが一人一票の平等な投票と違って、貨幣所有の多寡による、差別、格差という根本的問題、不平等があるが、ある程度、消費者の民意（需要）を反映するシステムでもある。

しかしいずれにしろ、市場や市場経済がかなり長期に残ることは確実であり、少なくとも当面は、それを前提に（前提ということは、それに全てを任せ、放置し、規制しないということではない）、その市場やその在り方を規制し、社会主義を建設してゆくほかない。市場経済や貨幣経済を短期間に、強制的になくそうとすれば、ロシア革命後の「戦時共産主義」（穀物強制徴発により大量の農民餓死者を出した）やカンボジアのポルポト時代のような悲劇を生み出さざるを得ない。

労働者協同組合や労働者自主管理企業を基本とした社会主義を構築するといっても、その企業間の関係をどうするかは大きな問題である。旧ユーゴスラビアでは、その間の関係を市場経済で結びつけたわけであるが、結果的には、企業格差や地域格差、民族格差を生み、それが民族対立を深刻化するひとつの背景ともなった。市場そのものをなくせないとしても、それを規制し、組み替えて行くことは必要である。

次に計画経済の問題であるが、マルクスは共産主義社会では労働者生産協同組合の組織が連合してひとつの計画を作り上げ、運営してゆくという構想を『フランスにおける内乱』で述べているが、計画や計画経済も、社会主義にとってきわめて重要な要素である。

計画自体は、資本主義企業の内部でも、資本主義政府の「経済計画」でも行われていることであり、何も社会主義に限らず、人間が合理的経済運営をしようとする限り不可欠な要素であるが、経済の運営を市場の作用に任せるのではなく、人間の合理的、理性的な計画により、それを規制し、コントロールすることは、社会主義経済の重要な役割である。

旧ソ連の中央集権的計画経済は、人々の自発性を奪い極めて官僚的、画一的で非効率な経済運営が行われ、その結果、ソ連の体制崩壊に導いた。

しかし計画は何も中央集権的、上からの計画だけではなく、分権的、下からの計画も可能な訳であり、民主制の下においては、この分権的、下からの計画が極めて重要になる。そこでは上からの、官僚による一方的、独断的計画策定ではなく、下からの大衆的討議、協議とその積み上げにより策定されなければならない。それには多大の時間と労力、社会的費用も必要になるが、大枠は全人民的、民衆的討議や議論、国会での議論や議決を経て、決定されることになるものの、その大枠を踏まえつつも、細部や具体的計画は、関係する部署や機関、利害関係者が協議して決めてゆくことになる。そこでは当然、前提として情報公開やアカウンタビリティーも重要になる。そしてその結果は絶えず、検証され、必要ならば、修正されなければならない。そこには当然試行錯誤や失敗もあり、上からの単一の計画のように、整然とは行かず、混乱や非効率もあるかも知れない。しかしそれは民主主義に不可欠の非効率や「無駄」であり、それを避けることはできないし、一見、無駄な様でも、長期的には民意を反映し、人々の自発性と積極的参加を引き出し、合理的な経済運営や資源配分に導く。これは協議の積み上げによってなされる下からの計画化であり、「協議」ということに注目してとらえれば村岡氏が主張している「協議経済」とも言える。またこの「協議」は計画作成の面だけでなく、自主管理企業内や企業間でも日常的に行われることになる（なお「協議経済」は実際に旧ユーゴの自主管理企業でも一時期追求された）。

ところで市場経済は、事後的に需給を調整するものであり、そこには需給の不一致、過剰生産、売れ残りや品不足、物価高騰も起こる。それに対して計画経済では、事前に需要を把握し、それに基づいて生産することも可能となる。もちろん多種多様で膨大な全ての需要を把握することは不可能で、その需要自身が変動的で、潜在需要等を把握することは困難であるが、アンケート調査や需要調査などに基づいて、人々の要望、需要をある程度、事前に把握することは可能である。すでに資本主義企業自身、それらの需要調査を行っており、事後的ではあるものの、コンビニなどのPOSシステムなどにより、販売時点で需要を把握することは技術的に可能となっている。人々の需要や要望の調査、どのような製品を欲するか、どのような製品が望ましいのかの調査と討議、協議により、その要望に沿った望ましい製品を作り出すことも可能になる。またコンピューターと通信技術の進歩により、多種多様な注文生産も技術的に可能となってきている。

これらの技術的基礎、可能性の応用と、民主的な討議、協議により、下からの民主的、分権的計画化により、計画経済をうまく運営しうる可能性は出てきていると思う。

3 社会主義的変革の可能性と困難性

マルクスの時代には、一人一票の平等な投票権、参政権を保障した普通選挙は実施されていなかった（チャーティスト運動などのそれを求める運動はすでに存在していたが）。しかし今日では、（法的、制度的には）平等な普通選挙とそれに基づく議会制民主制、複数政党制により、一応平等な政治参加が保障されている。現実には、いろいろ不十分な点や経済力による政治的影響力の差など実質的平等や参加民主主義という点でさまざまな問題はあるものの、この平等な政治参加は、建前として誰も否定できない。

従ってマルクスの時代とは異なって、今日では、暴力革命ではなく、制度的には選挙により、議会の多数を獲得することにより、社会主義的変革を行える時代になったのである。しかも圧倒的多数の国民は、資本家階級や有産階級ではなく、生産手段を所有しない労働者階級（無産階級）である。従って労働者階級の利害に基づいて社会を変えてゆく可能性が開けているのである。普通選挙とそれに基づく議会制民主主義の定着している社会においては、暴力革命は否定されるべきであり、社会の多数の人々の同意と積極的参加の下に社会主義的変革を追求して行くべきである。

そしてこのような普通選挙、議会制民主制、複数政党制は、社会主義社会になってからも維持されるべきであり、議会制民主制を否定して、プロレタリア独裁を採ることは誤りである。社会主義においては、生産手段の私的所有や市場経済などの経済体制は大きく変革されるが、政治体制においては、資本主義の下で生まれた普通選挙、議会制民主制、複数政党制などの民主制を否定するのではなく、実質的に平等な政治参加、民衆の積極的な政治参加をよりしやすくし、それを発展させるのである。それには当然、直接民主制的要素も大いに取り入れるべきであるが、大規模な社会にあっては、すべてを直接民主制で行うことは不可能であり、代議制度自体は必要かつ重要である。

このように労働者階級、勤労者階級が社会の圧倒的多数を占めるようになった今日であるが、それでは労働者階級の利害を反映した変革、社会主義的変革が容易かというと、問題はそのように単純ではない。

確かに普通選挙、議会制民主制の下では、労働者階級をはじめとする圧倒的多数（相対多数でもよい）の有権者が、その改革に同意したとき、その法案は成立し、それを推進する政権の樹立も可能になる。しかし現実の社会は、資本主義によって運営されており、自分たちの雇用や生活もそれによって支えられていると意識される（実際は、労働者は自らの労働によってそれを支えているのであるが、雇用や賃金を与えられていると錯覚する）。それが崩壊し、混乱して、雇用を失ったり、不安定化して、自分たちの生活が破壊されることを、人々は恐れる。人間誰しも生活保守主義的な側面は持っている。人々は、よりよい生活や暮らしが実現すると確信しない限り、その政策を支持しないし、投票しない。現実の資本主義が人々の生活を破壊し、雇用を奪い、不安定化させている今日、現実の経済の在り方に対する不満、政権政党に対する不満は高まっているが、それがストレートに社会主義的変革に対する支持に向かうかというと、残念ながらそうではない。何よりも旧ソ連など、既成の「社会主義」の失敗と「社会主義陣営」の消滅、左翼の凋落の影響が痛い。

また世界体制としての「社会主義陣営」が消滅し、グローバル資本主義が世界を支配する現在、日本一国だけで社会主義的変革を行うことは不可能なようにも見える。確かにその通りであり、社会主義的政権が成立したり、社会主義的変革が実施された場合、資本逃避や他の主要資本主義国による（場合によっては国際機関等も使った）経済制裁等、さまざまな圧力も予想される。その混乱、あるいはその恐れは当然、国民の生活にも大きな影響を与え、有権者の投票行動にも大きな影響を及ぼす。

A　漸進的改革

民主制の下における改革は、暴力革命によって、一挙的に変えるのでなく、労働者、人民、有権者の支持と同意を獲得しつつ、進めるものである以上、漸進的にならざるを得ない。少なくとも相対多数の支持を獲得しないと法案は通せないのであり、場合によっては妥協も必要になる（問題の性質によっては、たとえ少数派となっても妥協すべきでない問題ももちろんあるが）。ベストでなくても、ベターな選択を迫られる。また労働者、人民の支持の下に社会主義的政党が政権についていても、人民、有権者の支持を失えば、政権を去らねばならない。従って前進も後退もある、息の長い改革の諸過程とならざるを得ない。

もちろん漸進的改革と言っても、資本主義が基本とする生産手段の私有制や市場経済の変革は、決して漸進的な改革ではなく、まさに革命的な変革であるが、その実現は、一挙的なものではなく、諸政策や諸立法の積み上げによって初めて実現され得る、長期の変革過程とならざるを得ない（大恐慌とか戦争とかの危機の時代に、短期間で、一挙的な変革が行われる可能性も全くないことではないが、それに期待するのは誤りである）。

社会進歩のために、社会的実験は必要であるが、対象が生身の人間の生命であり、生活であり、人生である以上、自然科学の実験と違って、それらを犠牲にする実験は許されないのである。確かにロシア革命にしろ、その後の旧ソ連の「社会主義」建設過程にしろ、中国の「文化大革命」にしろ、壮大な社会的実験であり、そこから貴重な経験を汲み取ることは必要であるが、民主制の下にあっては、多数の人々の生命や生活を犠牲にする社会的実験は許されない。貨幣経済を否定したいからといって、ポルポト政権のような政策を採ることは許されないのである。

B　社会主義政党の役割

民主制の下における社会主義政党は、まず何よりも現実の資本主義に代わるものとしての社会主義のビジョンを示し、具体的に現実の資本主義をどのようなプロセスをたどって変革してゆくのかということを労働者、人民、民衆の前に明示的に示すべきである。民主制の下における、社会主義の実現が人民、民衆の社会主義的政策に対する支持に基づくものである以上、その実現可能性を民衆の前に積極的に示し、支持を獲得し、現実の漸進的改革を通して、それを実現してゆくほかない。

かつてのように旧ソ連などの資本主義に代わる具体的、現実的な選択肢が存在していた時代とは異なり、その旧ソ連などの「社会主義」の実例が惨めにも失敗し、崩壊して、負の遺産として人々の意識に存在する今日、それとは異なる「社会主義」の具体的なイメージとビジョン、政策を示し、それが実行可能であることを示し、人々を納得させなければ、社会主義に向けた有権者の支持は得られない。

そこでは、当然、かつてとは異なり、社会主義像や社会主義の構想も多様化し、再考され、模索されているので、多数のビジョンが存在しうる。従って一つのビジョンやモデルを押し付けるのではなく、民衆的、大衆的な討議を通して、大まかな方向性を打ち出し、それに向けた変革のプロセスを示してゆくべきである。またそれは教条や一つのイデオロギーに基づく必要はなく、絶えず、検証され、修正可能なものとされなくてはならない。ビジョンやモデル、イデオロギーも仮説なのであり、それを絶対化してはならない。現実を通して、そして人民、民衆の審判を通して、絶えず検証し、修正し、選択されていかねばならない。

私は一つのイデオロギーに基づく一枚岩の前衛党ではなく、社会主義的な変革をめざすさまざまな勢力が幅広く結集した連合戦線的な大衆政党が必要だと思う。もっとも旧日本社会党のように、派閥抗争に明け暮れたのでは困るが、理論闘争は大いに結構（ただし議論のための議論は意味がない）であり、民衆的、大衆的討議と、行動における一致や統一が重要である（場合によっては、「別個に進んで共に撃つ」ということも必要だが……）。分派も容認されるべきであり、開かれた党にならなければならない。そして同時に地道な日常活動ももちろん必要である。

現在はまさに資本主義が危機的状況に陥っている時代であり、ＧＭを「国有化」せざるを得ない事態に陥っている時代に、残念ながら社会主義政党はこの危機に陥った資本主義に代わる社会主義のビジョンを積極的に提示できていない。日本共産党は、「ルールある資本主義」や「よりましな資本主義」の主張にとどまるのではなく、資本主義自体の問題性と限界を明らかにし、資本主義に代わる社会主義のビジョンを積極的に提示してゆくべきである。この百年に一度とも言われるような資本主義の危機にあたって、そして資本とその政府の側が、資本主義の論理とも矛盾する、従来、社会主義の側が主張してきた「国有化」をせざるを得ない時代に、「社会主義」の政策提言とその実現を主張しないで、いつそれを主張するというのであろうか？

C　大企業・大資本の民主的・社会主義的統制

資本主義から社会主義への変革とは、主要には、生産手段の所有を中心とする経済の仕組み、構造を変えるということである。その場合、既存の大企業、大資本自体を変革するという問題と、そのような資本の外に、自分たちで別の仕組みを作ってゆくという二つの方法がある。そして基本は、大資本、基幹産業自体を社会主義的に変革しない限り、資本主義の経済体制は根本的に変わらない。日本や米国で行われたような大資本救済のための国有化ではなく、真に労働者・人民のための、社会主義的な国有化を求める運動は必要である。

しかし現時点で、それらを一挙に国有化したり、社会化することは困難である。それを支持する世論と人々の行動がない限り、それは難しい。従って最初は法的、社会的な民主的規制を掛け、次第に社会主義的規制・変革に移行するという戦略も必要になる。社会主義政党は、社会主義的規制と変革の必要性を絶えず訴え続けることは必要であるが、実際には社会主義派が議会で多数派とならない限りその完全実施は不可能なので、それまでは、民主的規制や変革を積み重ねてゆくしかない。

税制や財政・金融政策を通しての、大企業・大資本の規制も重要である。それらは資本の蓄積構造に直接的な、あるいは間接的な影響を与える。

なお民主的規制には、法的、制度的規制・変革だけでなく、広くは消費者運動や環境運動などの社会運動や労働運動・労働組合による圧力やマスコミや世論による批判や圧力という社会的圧力もあるし、企業・資本にＣＳＲ（企業の社会的責任）やＳＲＩ（社会的責任投資）を求める運動も含まれる。

取り分け労働運動・労働組合は、資本、経営側から日常的に搾取・収奪を受け、労働力商品化の矛盾・冷酷さを日々感じ得る、労働者のまさに労働現場を基盤とする運動である。だからこそ、資本主義の矛盾を体感し、それを克服する社会主義を展望し得る「社会主義の学校」ともなり得るのが労働運動であり、労働組合である。

北欧やドイツなどのヨーロッパでは、社会民主主義や「経済民主主義」の考え方の影響もあり、「労使共同決定法」など、労働組合の経営参加も進んでいる。それは一方では、労働組合が資本・

経営側に取り込まれ、労資協調になるという危険も孕んでいるわけであるが、一方ではそれらを通して労働者による管理・統制へのひとつの有力な経路、手段ともなり得る。もちろん、それは、その社会の歴史的背景や階級的力関係も踏まえた上で慎重になされるべきであり、日本の場合のように企業別組合で、QC運動に見られるように、労働者の自主性を装いながら、労働者を企業に取り込み、サービス残業さえ強いる土壌のあるところでは、経営参加の名の下に、労資協調、労資一体化の危険もあり、なおさら注意が必要である。

スウェーデンでは、「労働者基金制[2]」という、生産手段の所有問題には基本的に手をつけない従来の社会民主主義の限界を突破しようという試みもなされたことがある。

なお企業が倒産したり、生産を放棄した場合などに、労働者、労働組合が、その企業を自主管理、自主運営する可能性もある。日本でも戦後の一時期、「生産管理闘争」が闘われた。最近では、京浜ホテルの労働者による自主営業闘争が記憶に新しい。聴濤弘氏は新著『カール・マルクスの弁明　社会主義の新しい可能性のために』(大月書店)で廃線の危機に直面した千葉県の銚子電鉄の労組が発行株券の約五七%を買い取り、自主運営を続けていることを紹介している。南米アルゼンチンでは、二〇〇一年の経済危機の際、倒産に直面した多数の企業の労働者が工場を占拠し、その後、法的保護も勝ち取り、「回復工場[3]」として、労働者による自主管理運営を続けている。

D　非営利・協同セクターの形成・拡大

資本主義経済を変革するもう一つの方法は、資本主義企業の外に、自分たちで別の仕組みを作ってゆくという方法である。その具体例が、非営利・協同のセクターを築くことである。生産手段の私的所有や利潤動機に基づかない経済の仕組みと企業・事業体を実際に作り上げてゆくことである。たとえば株式会社に代わって協同組合や非営利団体（ＮＰＯ）を、社会的企業（利潤よりも社会的使命を第一とする企業、株式会社の形態を採る場合もある）を、そしてそれらによる経済セクターを作りだしてゆくことである。

なお株式会社は出資額に応じた議決権があるのに対して、協同組合は、出資額に関わらず、一人一票の平等な民主的議決権が保障されている組織形態であり、組合員の共益・共有組織である。日本においても生協（消費生活協同組合）は巨大組織、セクターとなっている。ただし中国産の毒餃子問題に見られるように、巨大化し、安さのみを追求して、生協本来の原点を見失う傾向も今日見られる。ヨーロッパでは、巨大生協が株式会社化する例も見られる。

また消費生協と違って、労働者が主体となった労働者（生産）協同組合（ワーカーズ・コープ、ワーカーズ・コレクティブ）もある。実はマルクスはこの労働者生産協同組合を高く評価し、株式会社が私的所有としての資本の消極的止揚形態であるのに対して、労働者協同組合工場はその積極的止揚形態（工場の内部では、資本と労働の対立は止揚されているという）であるとしている（マルクス『資本論』第三巻第五編第二七章「資本主義的生産における信用の役割」）。そして「もし協同組合の連合体が、ひとつの計画に基づいて生産を調整し、こうしてそれを自分の統制の下におき、資本主義的宿命である不断の無政府状態と周期的痙攣（恐慌）とを終わらせるとすれば、諸君、これこそは共産主義、〝可能な〟共産主義でなくて何であろうか！」（マルクス『フランスにおける内乱』）とも述べている。

協同組合、取り分け労働者協同組合としては、世界的にはスペイン・バスク地方の「モンドラゴン協同組合グループ」が有名である。この巨大協同組合グループは、スペイン最大手の家電メーカーである「ファゴール協同組合（労働者生産協同組合）」など多数の協同組合が集合したものである。そこでは、組合員主体の民主的運営と効率、生産性とを両立させ、雇用と生産を拡大してきている。このモンドラゴンの成功は、株式会社でなくても、労働者主体の民主的運営に基づく労働者生産協同組合が立派に基幹産業、巨大生産を組織し、運営できることを実証している（紅林進「モンドラゴン協同組合の経験」『もうひとつの世界へ』第一四号所収、本書に収録）。

日本でも近年、ワーカーズ・コレクティブや労働者協同組合が生まれているが、まだまだ数も少なく、規模も小さい。業種も、介護、清掃、保育、食料品生産など特定分野（多くは労働集約的分野）に限られている。しかも日本では、労働者協同組合のための法律すらなく、ようやくその立法化運動が始められた段階である（「協同労働の協同組合」法制化をめざす運動）。

またＮＰＯ（非営利団体、非営利法人）が一九九八年のＮＰＯ法の成立以降、急増し、介護や社会福祉の分野で、大きな役割を果たしている。しかし一方で、それは行政の下請け化、コスト削減、人件費削減に利用されているという側面もあり、注意が必要である。

これら非営利・協同のセクターを拡大・深化してゆくことは、資本主義経済の中に、営利追求という資本主義的原理とは違った、いわば社会主義的要素を持ったセクターを拡大することであり、資本主義経済の内実を掘り崩し、社会主義セクターの形成を準備することになる。

とはいっても現実の非営利・協同のセクターは、社会主義的要素は持っているとしても、社会主義セクターではない。非営利・協同の事業体といえども、現実の経済活動は、資本主義経済体制、市場経済の中で活動せざるを得ず、市場で販売し、契約を取り、それなりの利益を上げなければ、その事業体で働く労働者やスタッフの給料も出せなくなる。絶えず営利企業との競争にさらされ、非営利企業同士の競争さえ発生する。ここで非営利とは、株主などに、あるいは自分たちで利益を分配しないことであるが、事業体としての収益は上げなければならない。

従って単純に非営利・協同のセクターを拡大して行けば社会主義になるというものではない。行政の側、そして資本主義の側は、ＮＰＯを安上がりな下請けとして、人件費削減の手段として利用する場合も多く、ＮＰＯの拡大を喜んでばかりはいられない。経済全体の構造を見据えた上で、この非営利・協同のセクターの育成、拡大を図ってゆくべきであり、また法制度の改革や政治的変革とも結びつけて、考えてゆく必要がある。しかし非営利・協同の考え方が、人々の間に広まり、一般化してゆくこと自体は、重要であり、それは人々が社会主義を受け入れ、選択する、意識面での土台となる。そしてそれは現実に、非営利・協同の事業体が身近に存在し、一般化してゆくことによって初めて可能となる。この非営利・共同セクターの発展は、かつて旧ソ連などの「社会主義諸国」が人々の前に具体的実例として存在したのに代わる役割もある意味果たし得る可能性がある。

〈注〉

(1) 連帯経済：利潤動機ではなく、社会的連帯に基づく経済活動で、二〇〇一年から始まった「世界社会フォーラム」でその用語が使われ、近年、中南米を中心に、その運動が広まってきた。具体的には、協同組合や社会的企業であったり、フェアトレード、地域通貨、マイクロクレジット等々、様々な運動や相互扶助組織、セクターを含む多様な概念である。それは民衆の個々の実践の中から出てきた運動であり、統一的な概念があるわけではなく、その意味ではきわめて曖昧な概念でもある。人間の利他的側面、連帯を求める側面に焦点を当て、利潤動機ではない、人々の連帯に基づく経済や社会を築き上げようとするものであり、その意味では「社会主義」とも共通する側面も持つ。

(2) 労働者基金制度：スウェーデンでパルメ社民党政権時代の一九八四年に創設されたもので、一定規模以上の企業の年間利潤から、一定割合を労働者が管理する基金（企業別ではなく、企業横断的な地域の労働者基金）に積み立て、その基金が諸企業の株式を購入して行くもので、その積み上げにより、ゆくゆくは企業の所有と管理を労働者の手に移そうという可能性を秘めたものであったが、それはスウェーデンを社会主義化するものであるとする資本の側の猛烈な反対運動を生み、その制度自体は成立して約一〇年間続いたものの、かなり骨抜きにされ、右派連合政権下の一九九四年に最終的に解体された。

(3) 回復工場：アルゼンチンでは、二〇〇一年の通貨危機による経済崩壊で何千もの工場が倒産し、何百万人もの労働者が失業（失業率は二〇％超）した。その際いくつかの工場では、労働者が工場を占拠したり、経営者から借り受けるなどして、自主運営し、生産を再建する「回復工場」が生まれた。様々な法律を用いて法廷闘争を行ったり、また現在では左派政権による支援もあるようである。現在、アルゼンチンでは約二〇〇の回復工場が労働者協同組合の形で操業され、労働者全員が平等の立場で運営にあたっている。給料も労働時間に応じ平等に分配される。また回復工場は横のつながりを持ち、再生のメドのついた工場が、まだ厳しい状態ある工場に資金や物資、労働力を提供するなど、互いに助け合う関係が作られている。アルゼンチンでは二〇〇五年時点で約一万五〇〇〇人の労働者が「回復工場」で働いている。この回復工場の事例は二〇〇七年一二月にＮＨＫＢＳドキュメンタリーの「〝回復工場〟の挑戦：アルゼンチン・広がる連帯経済」という番組でも紹介された。

ベーシックインカムと資本主義、社会主義

1　ベーシックインカムとは

近年、日本でも「ベーシックインカム」が注目されだした。欧米では二〇〇〇年ほど前から萌芽的に主張され、米国では一九六〇年代の福祉権運動やフェミニズム運動の中でも主張され、公民権運動のキング牧師も主張したが、日本でも二〇一〇年三月に「ベーシックインカム日本ネットワーク」[1]（ＢＩＪＮ）が結成されるなど、ようやく注目されだした。

「ベーシックインカム」とは、すべての個人に、生存（単なる「生存」ではなく、「人間的な生活」）するに足る所得を、個人単位で、定期的に、他の収入・所得・資産や就労の有無に関係なく、審査なしで、無条件、普遍的に現金給付をしようというものである。（人によって多少定義の仕方は異なる）「基本所得」とか、「基礎所得」などと訳されることもあるが、日本語の定着した訳語がないため、「ベーシックインカム」（ＢＩ）とカタカナ英語で呼ばれることが多い。以下、

本稿では「ベーシックインカム」をBIと略記する。村岡到氏は生存権を保障・実現する所得ということを明確にするために「生存権所得」という用語を用いている(2)。

また「生存(生活)するに足る所得」という意味では厳密な意味でのBIとは言えないものの、より低額の給付をする部分的BIも広義のBIに含められることがあるが、完全なBI実現のための過渡的形態としては意味があっても、それでBIが実現されたかのように、あるいはその代替物と考えるのは誤りである。なおトニー・フィッツパトリックはその著『自由と保障 ベーシック・インカム論争(3)』の中で、無条件に給付され、それだけで生活するに充分な額のものを完全BI、無条件に給付されるものの、生活するに充分な額ではなく、他の給付、稼得、所得源によって補われる必要があるものを部分BI、これら二つの形態のBIに至る過渡的な形態のものを過渡的BIと分類している。

BIの起源については、一定額の収入源を保障するという意味では、古代中国や古代日本の律令制まで遡れるという意見もあろうが、そこまで遡ることの当否はさておき、一八世紀ころには、BI的な構想が語られるようになる。イギリスからアメリカに移住して、アメリカ独立期に活躍した一八世紀の社会思想家トーマス・ペインは、その著書『土地配分の正義(4)』で、耕作された土地の所有者から基礎地代を徴収し、それを基に国民基金を作って、そこから社会の成員に二一歳の時点で一五ポンドを、そして五〇歳以降は毎年一〇ポンドづつを給付する構想を描いている。また伊藤誠氏によると、一九世紀後半のアメリカの社会派作家エドワード・ベラミーは、その代表作『顧みれば』[5]で、私企業に代わり、国家があらゆる財の唯一の生産者となった未来（二〇〇〇年）のアメリカをユートピア社会として描き、そこでは毎年、国民の生産のうちの各人の分け前に相当するクレジットが公の帳簿に記入されるとともに、各人にそれに対応するクレジット・カードが発行され、それによってショッピングモールのような店で、何でもほしいものをいつでもほしいときに買い、共同体社会の公営倉庫から敏速に配達されるしくみを予想しつつ記述しているとのこと。そしてそれは事実上、完全ＢＩを実現する構想として提示されているとのことである。このベラミーの構想は、村岡到氏の提唱する「生活カード」構想[6]とも類似しているように私には思われる。

ベーシックインカム論が注目される背景

ここで近年、ＢＩが注目されるようになった背景について触れたいと思う。従来のケインズ主義と社会民主主義的政策を基盤とした福祉国家型の社会保障制度は先進資本主義諸国における経済成長の鈍化と財政赤字という面からも行き詰まった。それに対して、民衆の運動の側からも、社会保障を削減しようとする新自由主義の側からも様々な要求や対案が出されたが、そのひとつが、所得や就労に関係なく、人々に一定額を一律に給付しようとするＢＩの考え方である。

2　ベーシックインカムの意義と限界

一部ではＢＩが実現されれば、すべての問題がバラ色に解決されるような論調も見られるが、その意義とともにその限界も押えておくことが必要である。

ＢＩの意義、利点

すべての人々に生存権を保障するものとして、それに必要な収入・所得を普遍的に保証するという意味では、ＢＩは必要だと私は考える。

①何よりも絶対的貧困を解消することになる。失業したり、働けないために、飢えたり、ひもじい思いをすることがなくなる。またその不安感を緩和する。完全ＢＩはもちろんのこと、部分的ＢＩであっても、貧困緩和とその不安緩和には役立つ。

②資本や経営に対して、労働者の立場や発言力を高める。たとえ部分的なＢＩでも、一定の収入が保証されていれば、資本の無理な要求に対して、言いなりにならず、屈しない余裕ができ、労働者の交渉力を高める。

③取り分け危険・汚い・きついの三Ｋ職場や低賃金・労働条件の悪い職場や職種は労働者が集

まらなくなるため、その改善に役立つ。

④賃労働・雇用労働以外の働き方を可能にする。労働者協同組合（ワーカーズコープ、ワーカーズコレクティブ）などの協同労働やNPO、NGOなどでの非営利活動を容易にし、人々にその選択肢を広げる。またボランティア活動や芸術・表現活動に割ける時間と経済的余裕を拡大し、活発化させる。

⑤BIは「生活保護」等のように受給者にスティグマを与えるのではなく、また「資格審査」の名の下のハラスメントや人権侵害を防ぐためにも、生存・生活するための当然の権理として、誰でも普遍的に生存・生活のための「所得」が保証される。

⑥生活保護のように一定額の収入を超えると給付額を打ち切られたり制限されるということがないため、そのための労働意欲を阻害しない[7]。

⑦BIは個人個人に、一定の所得を保証するため、一家の稼ぎ手（多くの場合夫や親であることが多い）に他の家族成員が経済的、精神的に従属することを防ぎ、その自立と対等性を促進する。

⑧個々人や家族の生活スタイルやライフサイクルに合わせて、仕事や家事、学業、余暇などの多様なワーク・ライフ・バランスを選択することが可能になる。

⑨行政にとっては、「資力調査」等の必要がなくなるためそのための行政コストや管理コスト、

人員を削減できる。

ＢＩの限界

①ＢＩはあくまで分配論であり、生産の在り方、生産手段の所有問題を問題にしていない。
②従ってＢＩのみでは資本主義的生産関係とそれに基づく搾取と収奪、格差と相対的貧困はなくならない。
③現金給付という面での形式的に平等な給付は行われるものの、個々人の必要に応じた実質的に平等な給付（現物給付やサービス給付を含む）は、このＢＩのみでは行われない。
④あらゆる給付を貨幣による給付に置き換え、社会保障制度の市場経済化を推し進めるという側面も持っている。

なお「働かざる者食うべからず」という価値観や倫理観から、あるいはＢＩは人々から労働へのインセンティブを奪うという観点から、ＢＩを批判する人々も多いが、私は生存権はあくまで保障されるべきだと考え、そういう観点はとらないので、それらはここではＢＩの限界には挙げない。

3 資本主義にとってのベーシックインカム

では次に資本主義にとってのＢＩの意味を考えてみよう。

労働力商品化を脅かす完全ＢＩ

ＢＩ自体は、分配論であって、生産関係を問題にしていないので、理念的にはどのような生産関係とも接合しうる。とはいえ現実には生産論と分配論は非常に密接に関連するのであり、その持つ意味は双方にとって非常に大きい。マルクス主義の立場から言えば、生産関係が分配を決定するのであり、その逆ではない。ただし普通選挙制に基づく民主主義社会にあっては、生産や分配の在り方をすべて資本の意向のままに決められうるものではなく、生産関係においても、分配関係においても、世論と運動の力によって変革しうる。

ところで資本主義は、労働力の商品化の上に成り立っている。労働者から生産手段を奪い、資本の下に行って働く以外、生きてゆけないから、労働者は資本の下で賃労働に従事するのである。生存・生活するに足るだけの完全ＢＩが給付されるならば、誰も好き好んで資本の下で賃労働に従事する必要はなくなるのである。そうなれば、資本は労働力を確保できなくなり、剰余労働・

剰余価値の搾取もできなくなり、資本制生産自体が成り立たなくなる。

ここに資本家や資本主義経済体制の擁護者たちがＢＩに反対する原理的根源があり、それは労働者や民衆の間にも根強い「働かざる者食うべからず」という倫理観や価値観ともあいまって、ＢＩへの強力な反対論を形成する。

このことは真に生存権を保障するに足りるだけの完全ＢＩの実施は、資本主義の労働力商品化の前提を崩すことであり、資本主義の存立そのものを脅かすことになり、資本主義にとって絶対受け入れがたいものである。だからこそ資本主義を批判し、追い詰めるものとしてのＢＩ要求運動は運動論的には意味はある。

完全ＢＩが実現すれば、資本主義は自動的に崩壊するか？

それでは完全ＢＩが実現すれば、資本主義は労働力を確保できなくなり、自動的に崩壊するかというと、そう単純ではない。資本主義を過大評価するのも誤りであるが、資本主義の適応力、柔軟性、しぶとさを過小評価したり軽視するのも同じく誤りである。

資本主義はロシア革命に始まる「社会主義」の脅威に対応して、「福祉」や「社会保障」、計画経済的要素も取り入れて、変容してきた。金本位制も放棄して、管理通貨制に移行した。自らの延命と利潤の確保のためには、あらゆる譲歩や変容をも厭わないのである。もっともソ連崩壊後の新自由主義の台頭に見られるように、その脅威と圧力がなくなれば絶えず資本主義本来の強欲な市場原理主義に戻ろうとするが。

生産手段の私的所有という資本主義経済体制そのものが変革されない限り、生産手段を所有しているのは、資本家や資本（取り分け大資本）であり、小さな自営業やサービス業、そしてSOHO(8)（Small Office/Home Office）と言われるような資本力をあまり必要としない部門などは別として、大工場や大規模な運輸、流通などの部門では、そこで働こうと思えば、それら生産手段を所有している大資本の下で働かざるを得ない。人々は生活が保障されたからといって、皆が働かなくなるわけではなく、働き甲斐、社会への参加や承認を求めて、多くの人々は働くものである。しかし生産手段の私的所有の下では、生活が保障されたからといって生産手段を持っていない多くの人々は、依然、生産手段を所有する資本の下で働くほかないのである。その意味では、一定の収入・所得が保証されたとしても、生産手段の私的所有が続く限り、労働力の商品化＝賃労働は依然続くのである。もちろん資本の専横は大きく制約され、より労働者の発言権が増すという意味では、一定の所得が公的に保証されることの意味は大きいが。

新自由主義とも親和的な部分的BI

完全ＢＩは、資本制生産の根幹である労働力の商品化そのものを脅かすため、資本主義にとって受け入れがたいものであるが、その支給額では生活できず、結局、資本の下で働く以外なくなる、部分的ＢＩであれば、資本は、その分、賃金を切り下げることも可能となり、また社会保険料等の企業負担を切り捨てることが可能となり、その意味で部分的ＢＩを積極的に主張している資本家・経営者や経済学者もいる。また社会保障費削減のためにこの部分的ＢＩを利用しようとする新自由主義者やリバタリアンも少なからずいる。ミルトン・フリードマンらの新自由主義者やリバタリアンたちもＢＩ的なものを主張しているし、ヨーロッパ有数のドラッグストアーチェーン「デーエム」の経営者ゲッツ・ヴェルナー(9)も資本家・経営者の立場からＢＩの導入を積極的に主張している。最近では「第二自民党」たる「希望の党」もＢＩを主張している。

彼らの意図は生存権を保障するに足るに充分な額のＢＩではなく、わずかな額の部分的なＢＩ（一九六二年に「負の所得税(10)」を提唱したフリードマンは、一九六八年にサミュエルソンやトービンら全米約一二〇〇人の経済学者が、「負の所得税」を含む広義のＢＩのような政策を導入すべきという声明を出したとき、フリードマンは提示されている支給額が大きすぎると言って署名に参加しなかったとのこと）で、それによって社会保障費用を縮小・切捨て、企業の社会保険料負担を肩代わり・撤廃させようとする。そしてさらには賃下げを狙った、あくまで資本の側に都合のよい主張なのである。ＢＩには、新自由主義とも親和的な側面もあることは忘れてはならない。先にも確認したように、労働力の再生産に必要な所得がＢＩで賄われるとすると、労働力を再生産するに足る賃金という意味では、資本の側は、その分、賃金を引き下げることも可能になる。またＢＩが保障されているということを口実に需給や企業の都合に合わせて解雇を自由に行おうとする。また非正規化促進のための口実にも使われうる（但し生活がある程度保障された上でのパートタイム労働、同一労働同一賃金を保障した上でのパートタイム労働などは、現状の非正規雇用と異なり、労働者にとっても必ずしもマイナス面ばかりではないが）。

もっとも賃金は労働力の再生産費によって自動的に決まるものではなく、労働力に対する需給関係によっても左右され、そして労働者と資本の側との力関係、闘争によって左右されるので、この資本の側の目論見が実現するかどうかは、需給関係や労働者の闘争や圧力そして社会の側が資本をいかに規制するかにかかっている。

労働の人間化や３Ｋ仕事などの改善にはプラス

このようにＢＩの導入はそれだけでは剰余労働の搾取や格差をなくすものではないが、しかしその場合でも、ＢＩで、人々が生活するに充分な所得が保証されていれば、人々の嫌がる、３Ｋ労働の仕事などは、労働力の確保が困難になる（それは私的企業のみならず、公有企業や協同組合企業でも同様）。従ってそれでも人員を確保しようと思えば、その仕事の賃金を上げざるを得なくなる。また福利厚生などでもそれなりに配慮せざるを得なくなる。またそれら仕事の機械化や危険や苦痛を減らし、人間らしい労働に近づける努力もせざるを得なくなる。あるいは単なる賃金や福利厚生の改善だけでなく、職場民主主義や現場労働者の発言権の向上、さらには労使共同決定などの経営に対する参加や規制につなげてゆける契機にもなり得る。これらのことは部分的BIであっても、それが導入された場合の大きな利点、意義の重要な柱である。（もっとも3K労働を外国人労働者に、それも低賃金でやらせようとする方向に向かうことは警戒しなければならない。実際EU諸国ではそれが広範囲に行われてきた）。

また賃金の高低のみならず、企業の社会的評判も就職にあたっての企業選択の重要な要素になって、環境に悪影響を与えている企業や社会的に批判を受けている企業は人材の確保が困難になる。軍需企業や原発産業などもそれに対する批判が高まれば、同じような影響を受ける。企業は製品販売のみならず、人材確保という観点からもCSR（企業の社会的責任）により注意を払う必要に迫られる。

また何も資本の下で搾取されながら働く必要がなくなる（ただし主要な生産手段は依然、大資本に独占されていることは忘れてはならない）ので、自分たちで社会的企業や協同組合企業を起こしたり、NGO、NPOなどの社会的活動に励むことも可能になる。また芸術活動や自己実現型の労働や表現もよりしやすくなる。芸術家にとっての作品創作が喜びや楽しみであるように、自己の本当にしたい仕事・労働を追求することもよりしやすくなる（私は「労働」が喜びになるように社会全体の「労働」の在り方を変革して行くべきだと考える)。ここにBIが実現した場合のもうひとつの非常に重要な意義がある。

そしてたとえ部分的なBIであったとしても、そのことにより労働者の側に資本に全面的に縛られない多少の余裕が生まれるならば、労働者自身を縛っている「賃金奴隷」の意識から労働者自らが脱却し、賃労働・資本関係を変革しようという意識を目覚めさせるきっかけともなる。

4 社会主義とベーシックインカム

「社会主義」といっても人によってその定義や意味するところは違うであろうが、私は生産手段の社会的所有の下に行われる、平等で民主的な、生産・分配の経済・社会システムを考えている。そして私自身はマルクスの考え方を基にしている。従って以下の考察もその観点からである。

BIのみでは、搾取や格差自体をなくすことはできない

BIはあくまで分配論であり、それ自体で生産関係を変えるものではない。労働力の商品化と生産手段の私的所有に基づく資本制生産自体を変革しない限り、剰余労働・剰余価値の搾取と賃金格差をはじめとする経済格差はなくならない。部分的BIであっても、BIを導入すれば、絶

対的貧困は解消ないし緩和されるものの、相対的貧困はなくならず、絶えず再生産される。ＢＩのみで搾取や格差がなくなると考えるのは誤りである。

分配面の保障にとどまらず、生産関係、生産手段の所有関係の変革の問題につなげてゆくべきである。とは言え、先にも見たように、完全ＢＩの導入は労働力の商品化を根本的に脅かすものであり、部分的ＢＩであっても、労働力商品化や賃金の在り方に大きな影響を与える。その意味で、労働力商品化、資本制生産の基礎を突き崩すものとして、ＢＩ実現要求の運動は運動論的には意味がある。同時に部分的ＢＩが賃金や社会保障水準の切り下げに利用されないように注意することも必要である。

なおマルクス主義では、まず生産関係があり、それに基づき分配関係が決定される訳であるが、今日の社会では、資本の運動のみによって、経済や社会の在り方が決定されるのでなく、労働運動や議会を通した法規制や政策によっても分配関係は影響を受けるが、それでも生産関係とそれに基づいた賃金制度が基底にあることには変わりない。

形式的平等と実質的平等

低所得者に限定する生活保護等の社会保障給付や所得制限を設ける給付と異なり、所得や資産に関係なく、一律に給付するＢＩは、確かに、給付額という面では「平等」であるものの、それとは別に、資本制生産の下にあっては、生産手段の私的所有と労働力商品化自体は存続しているので、賃金格差や資産格差自体は厳然と存在しており、BＩの公的給付という面では、「平等」であっても、所得や収入、資産の格差はそのまま残り、収入や資産自体の「平等」は決して保障されていない。

またBＩ給付の「形式的平等」は重要であるが、但しそれは「実質的平等」を必ずしも意味しないということである。障害を持った人はそれを補い、克服するために必要なものが生じる。老人が若者に比べて医療費がかかるのは当然かつ「必要なこと」である。「後期高齢者」などと称してそれを切り捨てるのではなく、それを「必要」と認めて社会全体で負担することこそが必要なのである。つまり「形式的平等」にとどまったのでは、真の平等は実現されないのであり、さらに「実質的平等」を保障する制度も併せて用意されるべきなのである。

労働に応じた分配、必要に応じた分配

マルクスは『ゴータ綱領批判』において、「共産主義の低次の段階では、各人は能力に応じて働き、労働に応じて受け取り、共産主義の高次の段階では、各人は能力に応じて働き、必要に応じて受け取る」(11)と書いた。マルクスは『資本論』をはじめ、資本主義そのものの分析に主力を注ぎ、実現されるべき社会主義、共産主義社会の具体像、青写真を描くことには禁欲的であったが、こ

こは実現されるべき共産主義社会の具体像、それも分配面の原則について具体的に書いた数少ない箇所である。

マルクスはここでは「社会主義社会」という用語は使っていないが、旧ソ連などでは、「共産主義の低次段階」を「社会主義社会」、「共産主義の高次段階」を「共産主義社会」と称した。私自身は、共産主義社会の分配原則を二段階論的に高次と低次に機械的に二分することには反対で、労働に応じた分配から、徐々に必要に応じた分配の比率を拡大して行くべきだと考えるが、真の実質的平等を達成するためには、「必要に応じた分配」が必要だと考える点では、マルクスの究極目標を共有する。なおこの「必要に応じた分配」は、現在の資本主義社会でも、一部導入されている。日本などで実現している公的医療保険制度などはその例であり、また家族内などの共同体内では、これまでも「必要に応じた分配」が行われてきた。

ところでBIは「労働」と「分配」を切り離す訳であるから、「労働に応じた分配」ではない。一方、一定一律の分配という意味では「必要に応じた分配」でもない。「形式的平等」であっても、それだけで「実質的平等」を達成する訳でもない。

なお資本制的生産と分配、資本・賃労働関係を廃止しないで、BIの導入のみでは、たとえそれが完全BIを達成(前述したように資本制生産の下においては完全BIの達成は困難なのであるが)したとしても、賃金や資産による格差、それに基づく所得格差は残るのであり、所得の平等すら達成されないことも忘れてはならない。

私は二段階論的に分けるかどうかは別にしても、資本主義から社会主義に移行した初期の段階においては、かなりの長期にわたって労働に応じた分配が残ることは避けられないと思う。しかしそれは可能なところから、徐々に目的意識的に必要に応じた分配に移行させてゆくべきであると考える。

資本の論理からは、賃金を切り下げ、剰余価値の搾取を増大させようという衝動は絶えず働くが、労働者の生存権[12]を権理として積極的に認めようとは決してしない。「生存権」、そのための具体的な所得保障は労働者・民衆の闘いによって勝ち取るしかないものである。

社会主義は、先ずもってこの生存権、単に生存するに充分なだけでなく、人間たるにふさわしい生活をできるだけの所得を保証するものでなければならない。その意味で、社会主義社会においては、ＢＩは基礎的に保障され、その上で、「労働に応じた分配」や「必要に応じた分配」がなされるべきである。完全ＢＩは、資本主義の下ではその実現は困難であるが、社会主義社会の下でこそ、その実現が可能になる。[13]

もちろん社会主義・共産主義社会においては、私はＢＩにとどまることなく、「必要に応じた分配」「実質的な平等」にまで進むべきであると思うが、生存権を保障するという意味で、最低限ＢＩが基礎にあることは押さえておく必要がある。

なお社会主義・共産主義の社会にあっては、蓄財機能を主要な要素とする資本主義的貨幣は廃止されるべきであるが、配給などの「現物給付」ではなく、一定額の消費財やサービスを自己の自由選択により受けられるという意味での「現金給付」の利点（消費における自由選択権）はあり、社会主義社会においても貨幣のその機能（マルクス経済学者の伊藤誠氏は「社会主義的貨幣」[14]という言い方もする）は残ると私は考える。あるいは村岡到氏の言う「生活カード」による消費選択の自由を確保した消費財やサービスの引き換え手段、あるいは冒頭に紹介したエドワード・ベラミーが『顧みれば』で描いた、社会主義的生産を基礎とした上での「クレジット・カード」による財やサービスの提供は社会主義社会においても必要と考える。

BIと労働の在り方

マルクス主義において「労働」の在り方は重要な位置を占める。しかしBIは「労働」の問題を切り離してしまって、直接問題にしない。「労働に応じた分配」のように「労働」と「分配」を直接結びつけることがよいかどうかは議論が分かれようが、私自身は資本主義から誕生したばかりの社会主義社会の初期においては、「労働に応じた分配」も避けられないと思う。一方、労働できない人々に対する分配の必要性はマルクスも述べているが[15]、社会主義社会では、「労働」の問題以前に最低限、生存権を保障するシステムは必要であろう。資本主義社会の現在でさえ、日本国憲法に生存権の規定があるように、人間たるもの、単に生存のみならず、人間的な生活をするに足る所得は最低限保証されるべきであろう。

但しBIが「労働」と「分配」を切り離してしまったが故に、「労働」の問題を軽視したり、労働の在り方を人間解放の根幹に位置づけるマルクス主義の考え方を疎かにすることになってしまってはならない。マルクスは、「労働の疎外」を重視し、その解放を訴えた[16]。人間の解放は労働を「苦痛」として、それからの逃避から生まれるのではない。確かに資本制の下における「賃労働」は「疎外された労働」であり、労働者にとって「苦痛」を伴うものである。マルクス自身も労働時間を短縮して、自由な余暇の時間を拡大することが重要だと指摘した箇所[17]はある。確かに労働時間の短縮は必要である。しかし同時に労働自体を労働する者にとって有意義なものとし、労働を通した「自己実現」につなげてゆけるような労働の在り方、生産、経済の在り方が追求されるべきである。マルクスは労働自体が「第一の欲求[18]」、楽しみとなる社会をめざしていた。芸術家の創作活動は、それ自体が「第一の欲求」であり、楽しみである。趣味の活動もそういう側面を有している。スポーツもたとえ苦痛が伴ったとしても、自らそれを欲するから行うものである。労働や活動の楽しみ、喜び、やりがいは、単に快苦ではなく、仲間との協力や協働、交流・コミュニケーション、自己にとっての満足感など多様な要素を含む。すべての労働が労苦を伴わない、楽しいものになるとは考えられないが、労働の在り方をより人間化し、社会全体でそれに近づけてゆくことは必要である。

そして現実の資本主義社会におけるＢＩ実現の要求も、現実の労働の在り方の変革、生産関係の変革と切り離して運動するならば、労働現場、生産点、職場における闘いと切り離して考えるならば、労働現場での労働者の団結・連帯、闘いにつながらないであろう。むしろ労働現場での仲間との連帯や闘いを放棄し、労働者個々人が労働者意識を失って、アトム化する危険もある。ＢＩがあるからということで、その職場に留まっての労働条件の改善に取り組むのではなく、簡単にその職場を辞めて、他の職場に移ってしまうことにもなりかねない。

5　ＢＩ要求運動を資本主義変革のためにいかに活用するか

生存権保障、社会保障拡充のための運動として

日本国憲法では、第二五条一項において「すべて国民は、健康で文化的な最低限度の生活を営む権利を有する。」と生存権の規定を定めているが、その実態は生存権の保障には程遠いものであり、生活保護ですら、その本来対象になる人々を切り捨てており、生活保護費以下で生活するワーキングプアーも大量に生み出されている現状である。しかもこの生活保護の申請に当たっては、きわめて差別的なこと、ハラスメントも少なからず行われている。この生活保護の拡充のた

めの闘い、その予算措置や職員の人員拡大の要求は必要であるが、「生活保護」という、低所得者に対し、その「資力調査」の名の下にハラスメントやその受給に伴うスティグマを与えることをなくすためには、所得に関係なく、一律、普遍的に支給するＢＩが政策要求の選択肢となりうる。

但しその場合に必ず問題になるのが、財源であり、働かない者、所得のある者にどうして一律に支給する必要があるのかという議論である。この間の「子ども手当」の議論でもこの財源と所得の問題は大きな議論になった。また「子ども手当」については、現金給付か保育所など現物給付の充実・拡充かといった議論もなされた。「子ども手当」の議論は、そのままＢＩの是非の議論につながる問題でもある。(「子ども手当」については、「働かない者」ということは問題になりようがないが、「生活保護」に代わるＢＩではこの問題も大きな論点となる。)

確かに財源は大きな問題で、累進所得税の累進強化や資産課税の強化などの抜本的税制改革をしないと、現在の大企業・金持ち優遇税制の下では、ＢＩ(「子ども手当」のような部分的ＢＩであれ)捻出の財源は厳しい。その財源を逆進性を伴う消費税に求めるならば、まさに低所得者を直撃する。食料品や生活必需品の非課税や低率化した上での消費税増税なども議論されているが、そのような煩瑣なことよりも、所得再分配機能を強化した累進所得税や資産課税で財源を捻出すべきである。[19]

但し抜本的税制改革が行えない現状では、ＢＩや「子ども手当」の所得制限、一律現金給付にこだわることなく、生存権と労働者・民衆の生活保障を具体的に勝ち取ってゆくことが必要だと思う。

労働力商品化廃絶につなげるための闘いとして

先に見たように、ＢＩには資本制生産の根幹である労働力商品化を脅かす側面を持っている。従って完全ＢＩは資本主義の下では、事実上不可能に近いが、それだからこそ、生存権要求の運動として、それを要求してゆくことは資本主義批判としても、そのための運動論としても意義がある。

一方部分的ＢＩは、資本制生産の擁護者や一部の資本家や経営者の中にもそれを主張する人々はおり、その部分的実施は可能だと思うが、同時にそれが賃金切り下げや企業の社会保険負担や政府の社会保障費の削減に利用されないように注意・警戒する必要はある。

しかしそのことを警戒・制止した上で、部分的ＢＩでもそれが実現されれば、労働者の資本に対する発言力・交渉力を高め、資本や企業に頼らない働き方、生き方をよりしやすくする側面は重要である。資本に雇われての雇用労働・賃労働ではなく、仲間と共に協働労働で、仕事を作り出し、生活してゆく労働者協同組合（ワーカーズコープ、ワーカーズコレクティブ）やＮＰＯ、

ＮＧＯでの活動もよりしやすくなる。それは労働者個々人に資本に頼らなくても生活できるのだ、働けるのだという意識と自信を付け、資本制生産自体を変革する、主体的条件を作り出す基盤ともなる。直接、資本制生産の変革まで意識しないとしても、その基盤は作り出す。[20] ここにＢＩ要求運動と、たとえ部分的であったとしてもＢＩ的要素の拡大・実現化の意義がある。

〈注〉

(1) 詳細は同ネットワークのホームページ参照。 http://basicincome.gr.jp/

(2) 村岡到氏の下記著書参照。『生存権所得──憲法一六八《イロハ》条を活かす』(社会評論社、二〇〇九年)、『ベーシックインカムで大転換』(ロゴス、二〇一〇年)、『ベーシックインカムの可能性』(ロゴス、二〇一一年)

(3) Tony Fitzpatrick, Freedom and Security: An Introduction to the Basic Income Debate, Macmillan Press, 1999. トニー・フィッツパトリック著(武川正吾・菊池英明訳)『自由と保障：ベーシックインカム論争』(勁草書房、二〇〇五年)

(4) Thomas Pain, Agrarian JuStice, 1795-96. トーマス・ペイン『土地配分の正義』(Ｔ・スペンス〔ほか〕著／四野宮三郎訳『近代土地改革思想の源流』、御茶の水書房、一九八二年、所収)

(5) Edward Bellamy, Looking Backward 2000-1887, 1888. エドワード・ベラミー著、山本政喜訳『顧みれば──２０００年より１８８７年をかえりみる』(岩波文庫、一九五三年)

(6) 村岡到著「〈生存権〉と〈生活カード制〉の構想」（村岡到著『協議型社会主義の模索――新左翼体験とソ連邦の崩壊を経て』、社会評論社、一九九九年、所収）参照。

(7) 働いて収入を得て、一定額の収入を超えると給付額を打ち切られたり制限されるため、かえって就労意欲を阻害する状態や矛盾を「貧困の罠」と呼ぶ。

(8) 英語の「Small Office Home Office」の略称で、小さな事務所や自宅を仕事場とし、情報通信ネットワークを駆使しながら事業を行う小事業者を指す。

(9) Götz Wolfgang Werner はヨーロッパ有数のドラッグストア・チェーン「デーエム」の創業者。ＢＩの導入を主張し、その財源は、所得税を段階的に廃止して、それに代わる「消費税」としての付加価値税に求める。Ein Grund für die Zukunft : Das Grundeinkommen, stuttgart : Freies Geistesleben, 2007.（邦訳書、渡辺一男訳『ベーシックインカム――基本所得のある社会へ』、現代書館、二〇〇七年）、Einkommen für alle: der dm - Chef über die Machbarkeit das bedingungslosen Grundeinkommens, Luebbe Verlag S gruppe,2008.（邦訳書、渡辺一男訳『すべての人にベーシック・インカムを』、現代書館、二〇〇九年）などの著作があり邦訳されている。

(10) 所得金額が一定額以下の人々に対しては、課税ではなく、給付を行う所得税の方式。ジュリエット・ライス＝ウィリアムスやミルトン・フリードマンらが提唱。米国の一部の地域で導入されたことがある。

(11) 「必要に応じて受け取る」を「欲望に応じて受け取る」と訳す人もいるが、私は「必要に応じて」と訳す方が適切だと考える。

(12) 村岡到氏は現在、一般に使われている「権利」ではなく、「権理」と表記した方がよいと主張しているが、私も「権理」の方が適切だと考える。「権理」は単に自己の利害だけでなく、「理」(ことわり、道理)の主張でもある。ヨーロッパの原語でも、ラテン語でjus、英語でRight、ドイツ語でRecht、フランス語でdroit、イタリア語でdirittoは、いずれも「正義」をも意味している。

(13) BIの主要な提唱者であり、Real Freedom for All-What (if Anything) Can Justify Capitalism?, Oxford University Press, 1995.(邦訳書、後藤玲子・齊藤拓訳『ベーシック・インカムの哲学――すべての人にリアルな自由を』、勁草書房、二〇〇九年)などの著作で知られるベルギーの哲学者、政治経済学者フィリップ・ヴァン・パレース(Philippe Van Parijs)(同邦訳書の著者姓表記は、「パリース」)は同書で「すべての人にリアルな自由を」という観点から、資本主義、社会主義、BIの問題を哲学的、規範的に論じている。

(14) 伊藤誠著『現代の社会主義』(講談社学術文庫、一九九三年)など参照。

(15) マルクスは『ゴータ綱領批判』において、共産主義の低次段階において、社会的総生産物を労働者各人に労働に応じて分配する前に控除されるべきものの一つとして「労働不能な者などのための、要するに、今日のいわゆる公的な貧民救済にあてるための元本」を挙げている。

(16) カール・マルクス『経済学・哲学草稿』ほか。

(17) 『資本論』第3部の三位一体定式を論じた部分の「真の自由の王国が――といっても、それはただ、自己の基礎としての右の必然性の王国の上にのみ開花しうるのであるが――始まる。労働日の短縮が根本条件である。」

(18) マルクスは『ゴータ綱領批判』で「共産主義社会のより高度な段階で、すなわち個人が分業に奴隷的に従属することがなくなり、それとともに精神労働と肉体労働の対立がなくなったのち、労働が単に生活のための手段であるだけでなく、労働そのものが第一の生命欲求となったのち、個人の全面的な発展にともなって、またその生産力も増大し、協同的富のあらゆる泉が一層豊かに沸き出るようになったのち——そのとき初めてブルジョア的権利の狭い限界を完全に踏みこえることができ、社会はその旗の上にこう書くことができる——各人はその能力に応じて、各人にはその必要に応じて！」と述べた。

(19) 小沢修司氏は勤労所得への一律四五％課税に財源を求めて試算しているが、累進性を否定した比例課税の所得税は所得再分配効果を持たず問題である。小沢修司『福祉社会と社会保障改革——ベーシック・インカム構想の新地平——』（高菅出版、二〇〇二年）、小沢修司「ベーシック・インカム—ひとつの試算」（『週刊金曜日』二〇〇九年三月六日号所収）参照。

(20) 紅林進「社会主義的変革の可能性と困難性」（『プランB』第二三号、ロゴス、二〇〇九年一〇月。本書に収録）参照。

〈生活カード制〉の意義と懸念

村岡到氏が提起している〈生活カード制〉について、若干の意見を述べたいと、思います。

私自身も将来社会の構想において、市場経済的な貨幣に代わるものとして、ＰＯＳシステム等に端緒的に現れたような生産・流通面のコンピューターシステムと社会的なクレジットカード・決済システムを結び付けたようなシステムが流通・決済手段になるであろうとは考えていた。また、それが市場経済的な富の蓄積や様々な投資・投機活動を排除する可能性を漠然とは考えていた。

将来の社会主義社会において、貨幣、市場経済を完全に廃止すべきなのか、そもそもそれらを完全に廃止することができるのか否か？私自身も結論は出ていない。しかし社会主義が資本主義の弊害の除去をめざす以上、市場経済にすべてを任せるのではなく、何らかの形でそれらをコントロールし、規制して行かなければならない。その場合、貨幣の在り方自体も変えなければならないし（例えば伊藤誠氏が『市場経済と社会主義』で書いている「社会主義的貨幣＝Ｓ貨幣」など）、あるいは貨幣そのものを廃止して別のものに代えなければならない。この後者の追求の試みとして村岡氏の〈生活カード制〉の構想は多くの示唆を与えている。

1 〈生活カード制〉の意義

村岡氏の提唱する〈生活カード制〉の第一の意義は、貨幣の致富・蓄蔵機能を排除することにあると思う。貨幣のこの機能は生産手段を含むあらゆるものを、売買することにより行われ、それは商人資本的に価格差を利用して儲ける場合もあろうし、産業資本的に労働力や生産手段を購入して、生産を行わせ、増価した物を販売し、剰余価値を搾取することによって利潤を得る場合もある。その場合の売買の媒介となるのが貨幣である。貨幣によって自由に物資や労働力やサービス等を購入し、またそれらを販売して貨幣を得ることが可能な市場がある限り、それによって利潤を得ることを排除できない。またそこで得た富は〈貨幣〉という減価しない（インフレの問題はおくとして）価値物の形で永続的蓄積が可能になる。

それに対して〈生活カード〉は消費物資やサービスの分配としての取得の媒介にのみ機能を限定している。〈生活カード〉によってそれらを取得はできるが、貨幣のように、物資やサービスを提供して〈生活カード〉を得ることはできない。使い捨てで給付されるだけである。貨幣のような致富機能は予め排除されている。もちろんこのような〈生活カード〉のシステムが機能、実現するためには、その背後に全社会的な生産や流通の社会主義的なシステムが前提とされてなければならず、〈生活カード〉の導入のみでこのような致富行為の排除が行われると考えてはいけない。しかしこの〈生活カード〉のシステムが致富行為の排除にもっとも適合的な重要な一つの方法であるとは言えよう。かつてのソ連などのように主要な生産手段の私的購入・私的所有を禁止することはできる。しかし流通・蓄蔵できる貨幣がある限り、消費物資などを売買し、空間的・時間的価格差を利用して利潤を得ることは可能である。これを排除するためには〈生活カード〉のように物資やサービスの〈取得〉にのみ機能を限定するか、それとも物資やサービスを完全配給制にするしかないであろう。

ただしこれらのことは〈生活カード〉や配給券・配給切符が流通しないことを前提として始めて言えることであり、それらの他人への譲渡や交換、質入れなどが生じたならば、それらも疑似貨幣として流通しかねず、致富機能を復活させることにもなる。しかしこのことは現在、クレジットカードで行われているように本人のサインなどを併用することにより回避できる。実はこの貨幣の匿名性の排除は重要な問題を含んでおり、また本人特定の問題は個人のプライバシーや管理社会化の問題とも絡み、大いに議論される必要があるが、この問題については後述する。

〈生活カード制〉の第二の意義は、消費物資やサービスの選択の自由が確保されるということである。この点については村岡氏も強調しているように、配給制のように提供される物資やサービスの種類や量が固定的に決められていて、自由に選択できないというような弊害は克服される。個人は〈生活カード〉の度数の範囲内で、自己のライフスタイルに合わせて自由にその消費を選択できるのである。

もっともこのことは計画経済に予め需要を把握できない撹乱要因をもたらすことになる。市場を通さなくとも需給に柔軟に対応できるような新たな仕組みのためには村岡氏が説くようにある程度の「無駄・遊び」も必要となる。現在の資本主義でも行われているPOS（販売時点需要把握）システムやそれと結び付いた在庫管理やFMS（フレシキブル生産システム）により、あるいはFMSと結び付いた注文生産（既に自動車などで実施）や消費者のニーズに基づいた製品化など、現在、開発、実現されている技術水準をもってしても、需給に柔軟に対応できる可能性はある。ただし価格をメルクマールとする利潤インセンティブを動力に生産・需給調整を行うことを否定する以上、それに代わるインセンティブ、動力のシステムを作り上げないと単なる絵に書いた餅になってしまう。

なおこの消費選択の自由の確保という点では、旧ソ連などで行われたように主要な生産手段や労働力を購入することはできないものの、消費物資やサービスについては〈貨幣〉で購入できるという方法によってももちろん達成できる。

〈生活カード〉についてはこのほかにも、資本主義の下におけるテレフォンカードのようなプリペイドカードや銀行のキャッシュカードやクレジットカードなど、さらには最近話題の「電子マネー」とも共通する現金を持ち歩いたり、やり取りする手間を省くなどの利便性も当然考えられるが、私が〈生活カード〉について注目する意義は先述の二点に絞られる。

2 〈生活カード制〉の問題点、課題

次に〈生活カード制〉の問題点について考えてみよう。

先ず最初に検討しなければならない重要な問題は、市場を通さないでいかに労働意欲や生産へのインセンティブを確保するかという問題である。これは、第一の意義に挙げた致富行為、市場経済の排除とまさに裏表の関係にある。この問題は〈生活カード制〉に固有の問題と言うより、非市場的な社会主義経済一般にいえる課題である。

〈生活カード制〉に固有の問題点は三点ある。

第一の問題点は〈生活カード制〉の中央集中的決済システムに伴う問題である。具体的には個人のプライバシーの問題と管理社会化の問題、それに内在する権力の集中化・中央集権化の可能性・危険性である。また集中化に伴う安全性の問題もある。

この問題は〈生活カード〉の具体的形態にかかわる。どのようなカードを使用するのかによって違ってくる。テレフォンカードのような使い捨てのプリペイドカードを用いるならば、個人のプライバシーの問題は起こらない。村岡氏は「〈生活カード〉は使い終わったら廃棄し、流通しない」(「なぜ〈生活カード制〉を構想するのか」『カオスとロゴス』創刊号＝一九九五年一月、四六頁)と表現し、そのように考えているともとれる。しかし、全消費財、様々な個人の全消費生活をカバーするカードである以上、偽造・変造の防止の観点から言っても、より根本的には〈生活カード〉の疑似貨幣的な流通を防止する意味でもこのような匿名性のカードを用いることは難しいと思う。

そうすると自ずとクレジットカードのような個人を特定できるカードを用いるしかない。その場合は誰がどこで何を取得したかという個人の情報が〈生活カード〉管理機関に集中されることになる。現在でも実はカード会社や銀行に個人の情報が集積されており、プライバシー上、問題もあるのだが、それが全社会的に集中された場合、しかも不正取引や致富行為の取締というようなカード使用の中身にまで立ち入って監視しようとした場合、個人のプライバシーの観点から言っても、また管理社会化という点でも危険が生じる。単なる国民総背番号制以上の管理の危険が存在する。もちろんそれらの問題が必ず生じるとは限らず、絶えざる民主的なチェックと自己情報点検の権理の徹底などによって、これらの問題が生じないような仕組みと努力を追求することが必要である。また一定期間後には情報を消去する、情報の流用や他目的使用を厳禁するなど、個人のプライバシーが侵害されないように最大限の配慮が払われる必要がある。情報の独占は権力の独占につながる危険がある。技術的便宜的なカードの中央管理機関が、権力機関化しないようなシステムの構築が必要になる。

また個人のプライバシーの問題と並んで、〈生活カード制〉による中央集中的決済システムそのものからくる集中化・集権化の問題もある。市場経済では売り手と買い手の二者間の交渉で価格が決まり、そこで売買が完結する。その意味では極めて分節的、分権的であるが、この〈生活カード制〉の下では、あらゆる消費財の取得はこの中央決済システムを経由しない限り、完結しないことになる。その意味で個別的な取引、二者間での取引は排除され、例え隣人同士でも自由に取引することはできなくなる。

次に安全性の問題であるが、カードの偽造・変造を防ぐためには、様々なチェック機能や個人の特定などが必要になるが、それはシステムを複雑化するとともに、プライバシーの保護の問題を生じさせる。現在の銀行のキャッシュカードのようにカードと暗証番号のみの入力で済ますのか、クレジットカードのように本人のサインを必要とするのか、あるいは本人確認を徹底しようとしたら、指紋の入力ということにもなりかねない。しかしそこまでいったら超管理社会化であり、個人のプライバシー保護の観点から到底認められない。たとえ多少他人の〈生活カード〉使用の可能性を残すとしても個人のプライバシーの尊重は優先されるべきであろう。またコンピューターと通信回線に頼る中央集中的な決済システムは、大規模地震などの災害や事故、さらには停電一つに対してさえ極めて脆弱であり、システム全体がマヒする危険性が高い。国民の生活全般が〈生活カード制〉によって支えられることになると、その機能不全は即ライフラインの切断となる。物資が目の前にあっても、〈生活カードシステム〉による決済を経てでなければ取得、配分できないことになる。

なおこの安全性の問題に関して、反革命的な破壊工作との関係も見落としてはならない。村岡氏が〈生活カード制〉の導入をどの時期にどのように導入すべきと考えているかは分からないが、もし一国的に革命が勝利ないし革命的変革が成し遂げられたとしても、全世界的な変革がなされない限り、外部からの、そしてそれに呼応する内部からの様々な干渉（場合によっては干渉戦争）や破壊工作が予想される。もしそういう段階でこの中央集中的なコンピューター・通信回線システムに頼った、生活カード制を全面的に導入した場合、このシステムの正常な稼働に国民生活がかかっている以上、その破壊工作に極めて脆い構造を作り出してしまう。もっともこのことは、〈生活カード制〉の部分的、試行的実施を否定することではなく、この段階でもそのような実験的試みは追求されるべきであろう。

第二の問題点は、村岡氏が強調する「生得の権理」としての生活カード制という主張である。

村岡氏の〈生活カード制〉についての主張の特色は、社会に提供した労働量に関係ない「生得の権理」として平等な分配を保証する手段としての〈生活カード制〉である。現代の資本主義においては日本を含めて多くの国々では生存権を法的に保障している（日本などでは、たとえ憲法で生存権が保障されていても、現実に経済的・社会的にそれが保障されている訳ではないが）。その生存権を現実的経済的に保障するものとして〈生活カード制〉を考えれば、資本主義の下においてさえ実現可能なものであり、別に唐突な考えではない。しかし、村岡氏の主張する「生得の権理」としての〈生活カード制〉は、生存に必要な最低限度としての分配ではなく、労働に応じるのでない、人間として完全に平等な権理としての分配である。

この村岡氏の〈生活カード制〉における「生得の権理として平等な分配」とマルクスの説いた「能力に応じて働き、必要に応じて受け取る」という場合の「必要に応じて」の分配の関係は今一つ分からないが、マルクスの「必要に応じての分配」や「生得の権理としての平等な分配」が全社会的に（部分的には資本主義の下でも「社会保障」という形で実施されているが）何の矛盾もなく達成されるためには、すべての人々の人間性が根本的に変わらなければならないが、そのことは、遠い将来の問題としても私は不可能ではないかと考えている。

私は社会主義においては「能力に応じて働き必要に応じて受け取る」的分配の要素を大幅に拡大することは必要だと思うが、すべてその型の分配を用いることは不可能であり、「労働に応じて受け取る」分配の方式を併用することが必要だと考える。なおマルクスのように共産主義の低次段階と高次段階に分け、二分法的に分配方式を分けるやり方ではなく、初期の応労分配を主とする分配から、徐々に必要分配の局面を取り入れ、拡大して行くことこそ必要であり、現実的な道であると思う。一挙的に必要分配ないし生得権的平等分配を実現しようとすることは、労働意欲を削ぎ、生産性を低下させ、社会主義を失敗に導く。なお身体的ハンディキャップなどで働けない人々の生活を保障することと、働く能力がありながら働かない人々とは区別しなければならない。少なくとも社会主義の初期段階およびそれへの過渡期においては応労分配的要素も必要である。

確かに労働意欲を喚起させるものは物質的インセンティブのみではない。村岡氏が有木宗一郎氏のランゲ批判を引いて、「その仕事に与えられる社会的承認、自己満足、仲間との融和」といったものを強調している（「稲妻」第二七九号＝一九九六年一月一〇日）ように、物質的インセンティブのみに頼るのは誤りであり、社会主義社会にあってはこの非物質的な労働意欲を創出し、拡大して、まさに労働が喜びになるような社会を創出して行くことこそが核心である。しかし、だからといってすべての労働が楽しいものとなるということはあり得ず、多くの仕事が何らかの労苦も伴うのも避け難い。また人間のインセンティブがすべて非物質的なものに置き代り、物質的なインセンティブが必要なくなるとは考えられない。将来にわたって物質的なインセンティブは依然重要な役割を果たすであろう。その意味で村岡氏の主張する応労分配批判の議論には、重大な疑義を抱かざるを得ない（村岡氏も過渡的な措置としては、〈労働カード〉という形で、応労分配的分配も認めてはいるが）。

次に分配を生産・労働から切り離したことから生じる村岡氏の〈労働の義務化〉の主張について考えてみたい。村岡氏は労働の義務化と、それに従わない場合の刑罰による強制を主張している。確かに労働を労苦と感じ、それを逃れようとする者がいることも現実である。しかしこの問題は、義務労働の強調や刑罰によるその強制、つまりマイナスのインセンティブに重点を置くのではなく（ある局面ではそれも必要かもしれないが）、労働を喜びと感じるような自発的創造的な労働を創出して行くことこそ重要であり、それこそが社会主義的労働創出の核心でもあることを忘れてはならないと思う。

第三の課題は〈生活カード〉で取得される物資やサービスの点数ないし度数表示、村岡氏の言う「協議評価」の決定の問題と支払われた点数のそれら物資やサービスの提供主体との帰属関係である。〈生活カード〉が資本主義の下のクレジットカードなどと根本的に違うのは、ある消費者が消費財を取得した場合、その人の〈生活カード〉の度数はその分、引き落とされるが、その度数（点数）はその消費財を提供した側の自由に処分できる売上、収入とはならないということである。但し現実の価格（表示点数）の決定や取得点数の帰属・処理に関しては、様々なヴァリエーションが考えられる。中央計画当局による一元的な価格設定と取得点数の吸い上げの方式から、消費財の提供主体による独自の価格設定と取得点数のその提供主体への帰属とそれらによる生産財や原材料の調達などを独立採算的に行うものまで考えられるが、後者では内実的には市場経済と変わらなくなる。

市場経済を克服しようとする限り、取得点数がそっくりそのまま、その物財の提供者のものになるということにはならないであろう。しかし計画経済を分権的、自主管理的にやろうとする場合、取得点数の少なくとも一部は物財の提供主体によって獲得され、その自主的な計算の下に、処理されるべきであろう。またそうしてこそ生産者のインセンティブ、労働意欲も喚起することになろう。

以上見てきたように村岡氏の提唱された〈生活カード制〉は、大いなる可能性とともに、様々な問題や課題も含んでいる。多少の管理社会化の危険をおかしても貨幣の致富機能を完全に排除して平等社会を目指すのがよいのか、またそれで本当に能動的な経済社会を機能させることができるのか、それとも個人の多少の利己心や不平等は容認しても、自由を確保するのがよいのか、市場経済を完全に排除できるのか、排除すべきなのかという問題は、私自身にとってもまだ結論の出ない問題である。しかしいずれにしてもそれらの社会の在り方を選択して行くのはわれわれ自身であり、またそれは、聖人君子ではない、利己心も利他心も合わせ持った普通の人々に受け入れられるものでなければならない。

〔再録に当たっての補足〕

この論文は一九九六年六月に『カオスとロゴス』第五号に「〈生活カード制〉への疑問」と題して投稿したものであるが、「〈生活カード制〉への期待と懸念」と改題した。

貨幣を用いず、しかも配給制でもない、個人の消費選択の自由も保障する、非市場経済的な社会主義経済論の試みとして、村岡到氏の〈生活カード制〉の構想を私は高く評価したい。

その上で、管理社会化の問題やプライバシー保護の観点から〈生活カード制〉に対する疑問を私はその投稿で記したが、この管理社会化の問題は、資本主義社会の現在の日本でも、まさに「マイナンバー制度」という形で現実になろうとしている。この「マイナンバー制度」は非常に問題があり危険なものだと思うが、これからの社会においては、カード社会化、情報社会化の流れは避けられず、それを前提とした上で、いかにシステム上で、個人のプライバシーの保護と情報民主主義を徹底し、保障するかという問題が重要になる。

但し安全性の問題に関しては、サイバー攻撃の危険を考えると、コンピューターシステムに頼りすぎるシステムは危険でもあり、脆弱でもある（その意味では、現金通貨はサイバー攻撃の対象にはならない）。

なお村岡氏が主張する「生得の権理」としての生活カード制については、投稿当時は、私も理解が足りなかった面もあり、ベーシックインカム論に関しては、本書に収録した別稿を参照していただきたい。

またそれと関連して、マルクスが共産主義の高次段階として提示した「能力に応じて働き必要に応じて受け取る」であるが、私は当時の投稿では、それが完全に達成されるためには、「すべての人々の人間性が根本的に変わらなければならないが、そのことは、遠い将来の問題としても私は不可能ではないかと考えている」と記したが、「必要に応じて受け取る」を「欲望に応じて」とするならば、確かにそうであるが、「必要に応じて」を「社会的に認められた必要」と考えるならば、それは実現可能であり、その「社会的決定」の過程は、まさに民主主義の決定過程に他ならない、と私は現在は考えるようになった。

モンドラゴン協同組合の経験

1　なぜモンドラゴン協同組合か

モンドラゴン協同組合企業グループ（以下、「モンドラゴン」と略）を知っているでしょうか？　スペイン・バスク地方の二〇〇以上の協同組合等からなるグループで、その内のひとつ、「ファゴール家電」グループは、スペイン最大手の家電メーカーで、EUを中心に製品の半数は輸出もしている、EU内でも有数の企業に発展している。そのほか「エロスキ」という生協や「労働人民金庫」、共済協同組合、大学を含む教育協同組合などの諸協同組合を擁する世界でも最大級の協同組合グループである。それらが労働者協同組合という形で、民主的に運営されているのである。つまり株式会社のように、資本家（株主）、経営者がいて、その出資株式数に応じて決定権があるのではなく、そこに働く労働者が一人一票で、平等に、民主的に決定に参加し、運営されているのである。しかもこの民主的運営と効率性を両立させながら、半世紀に渡って、拡大、発展してきたのである。

日本でも農協や生協は巨大で、一般化しているが、労働者協同組合は、最近はワーカーズコレクティブとも呼ばれ、一部では注目されつつあるが、まだ一般化していないし、歴史も浅く、多くは福祉や介護、清掃、食品製造や販売など、小規模で行うものが多い。

しかし多国籍企業を中心とする資本主義大企業が支配するこの資本主義社会全体を変革しようとする場合、多国籍企業などの基幹産業自体の在り方を変えないことには、根本的な変革にはならない。

ところがこのモンドラゴンは、先端技術をも含む基幹産業の一角で、民主的運営と効率性を両立させながら、持続的に発展、拡大してきているのである。

このモンドラゴンの成功例は、基幹産業、先端産業でも、労働者協同組合形式でもって効率的に運営でき、成功できることを実証しており、資本主義に対するオルタナティブな社会・経済システムとして、労働者協同組合を基礎とした構想を根拠付けることにもなる。なお実はマルクスもこのような労働者協同組合を基礎とした共産主義社会の構想を描いていたと思われる。よく引用されるように、マルクスは「もし連合した協同組合諸団体（united cooperative societies）が共同のプランに基づいて全国的生産を調整（regulate）し、かくしてそれを諸団体自身のコントロールの下に置き、資本制生産の宿命である不断の無政府状態と周期的変動を終えさせるとすれば、諸君、それは共産主義、〝可能な〟共産主義以外の何であろう」(『フランスにおける内乱』)と書いていた。

ところが旧ソ連は上意下達型の中央集権的指令経済になってしまい、労働者の主権、主体性・自発性、創意工夫を奪い、崩壊してしまったが、一方、旧ソ連のこの行き方に対抗して「労働者自主管理社会主義」を掲げて、まさに労働者協同組合的な企業管理をめざした旧ユーゴスラビアも、その利点を発揮できず、非効率と格差の拡大、悲劇的な民族紛争のうちに瓦解してしまった。なぜ旧ユーゴで失敗し、なぜモンドラゴンで、効率性とも両立させながら、持続的に発展しえているかも研究・検討されるべきである。

それでは労働者協同組合を育成、拡大してゆきさえすれば、社会が根本的に変わるのであろうか。残念ながら問題はそう単純ではない。

圧倒的な資本力と市場支配力を握っている多国籍企業をはじめとする大企業に対抗して、労働者協同組合企業が単純に市場で勝利し、大資本を駆逐したり、それら大資本企業を労働者協同組合企業に変えられるわけではない。

その意味で、私は、現存する多国籍企業や大資本を変えないで、労働者協同組合のみを育成、拡大してゆけば、社会が根本的に変わるなどとは思わないし、大資本、大企業を変えるためには、政治的変革を踏まえた、つまり社会主義的変革をめざす政権の下、それら大資本、大企業を、法的、経済的、社会的に規制して、変革してゆくことと並行してでないと、その全社会的変革は成し遂げられないであろう。

ところで今日の議会制民主主義の定着した社会にあっては、その変革は暴力革命ではなく、労働者・市民の多数による支持と同意、そして彼らの積極的参加の下の、民主的、平和的な変革でなければならない。

そのためにはまず何よりも労働者・市民に、株式会社という資本の支配する企業形態ではなく、労働者・市民が真に主体となり主人公となる「労働者協同組合」や「労働者自主管理」という企業形態が可能であり、現実的だということを積極的に納得させる必要がある。その具体的な実例として労働者協同組合の実践は意味があるのである。その現在進行形の成功例として、モンドラゴンはあるのであり、本稿でこれを取り上げる理由もここにある。

2　モンドラゴンの歴史と実態

スペイン内戦とアリスメンディアリエタ神父

現在、モンドラゴンは、二〇〇以上の協同組合等からなる、従業員八万人以上を抱える巨大な協同組合グループを形成しているが、その始まりはホセ・マリア・アリスメンディアリエタ神父がスペイン・バスク地方の町モンドラゴンに作った小さな技術専門学校に始まる。

バスク語、バスク人はスペインの他の地方と言語、民族的に異質の存在（ヨーロッパの他の言語とも異質で、類縁関係が不明）であり、フランコ時代の中央政府による民族抑圧（公的な場でのバスク語の使用やバスク語の教育も禁止）もあり、今日でも分離独立派ＥＴＡ（バスク祖国と自由）のテロに象徴されるように、自治や独立への志向が高い。バスク地方は元々は貧しい地域であり、海外に移民や植民者を多く出し、日本にキリスト教を伝えたフランシスコ・ザビエルや南米独立の英雄シモン・ボリバルもバスク系の出自である。またゲバラやアジェンデもバスク系の名前であり、それぞれバスク語で「峠」、「牧草地」を意味する。しかしこの地方は良質の鉄鉱石を多く産出したため、それを用いた製鉄業、造船業が発展し、スペインの重工業の中心地域となり、今日ではスペインで最も豊かな地域になった。

モンドラゴン（フランス語で「龍の山」の意）は、バスク州ギプスコア県の山あいのデバ渓谷に細長く沿った、面積三三平方キロ、人口二七〇〇〇人の小さな町である。

スペインは、一九三六年、人民戦線政府が成立。それに対し、保守のフランコ将軍が反乱を起こし、ナチス・ドイツ軍とムッソリーニ・イタリア軍の全面的な支援の下、人民戦線側民衆や国際義勇軍「国際旅団」の英雄的な抵抗にもかかわらず、英仏政府などの「不干渉」という名目の傍観的対応や人民戦線側の内部対立もあって、ファシスト・フランコの勝利に終わった。バスク人のアリスメンディアリエタは人民戦線側の従軍記者や編集者として闘うが、フランコ軍に捕らわれ、危うく処刑されそうになるが、編集者という身分を隠して、処刑を免れる。このスペイン内戦で、カタロニアと並んで人民戦線側の拠点であったバスク地方は徹底的に破壊される。ナチス・ドイツ空軍が無差別爆撃を行ったバスクの街「ゲルニカ」はそれに強く抗議してピカソが描いた絵でも世界にその名を知られている。

内戦終了後、一九四一年、アリスメンディアリエタはバスク地方ギプスコア県の、内戦によって荒廃した町、モンドラゴンにカトリックの副司祭として赴任。一九四三年には、技術専門学校を作る。そして一九五六年にはその卒業生五人によって、彼らの名前の頭文字をとって「ウルゴール」と名づけられた最初の工業協同組合が作られ、石油ストーブとコンロの生産を始める。その後この労働者協同組合は家電部門へと生産と経営を拡大し、次々に新たな工業協同組合も設立し、これが今日スペイン最大手の家電メーカーとなった「ファゴール」グループの前身となる。そして一九五九年には、それら労働者協同組合グループを資金的にサポートするものとして「労働人民金庫」を設立。グループの中枢的機能を担うようになる。

「モンドラゴン」は「ファゴール」グループを中心とする工業グループ、「エロスキ生協」を中心とする流通グループ、「労働人民金庫」や「ラグンアロ共済組合」を中心とする金融グループ、そして教育協同組合や技術専門学校、製品開発研究所、経営指導やコンサルタント部門などを含む、グループ全体の支援部門に分けられるが、以下、順に紹介する。

スペイン最大手の家電メーカー「ファゴール」

前身の「ウルゴール」が一九六四年に「ファゴール」グループとして再編され、今日、スペイン最大手の家電メーカーとなり、その製品の多くをEU等に輸出し、ヨーロッパやアジアなどに国外工場や現地法人を持っている、モンドラゴングループ内でも最大、最強の中心的グループである。もっとも「ファゴール」と言っても、単一の協同組合ではなくそれ自身、多数の協同組合の集合体である。その中でもファゴール家電はファゴールグループを代表するメーカーになっており、スペイン最大手の家電メーカーというだけでなく、ヨーロッパでも第五位の電機メーカーになっている。

なおファゴールの生産ラインにおいては、労働者の自主性の尊重、労働の人間化が追求されており、職場労働者の話し合いによって、ベルトコンベアー式の生産ラインをやめて、より人間的な一貫組み立て方式を採用した職場もあるとのことである。

労働者協同組合でもある「エロスキ生協」

また「エロスキ」という生協は、スペイン最大、EUでも有数の生協として、スペイン第二位の流通グループとなっている。このエロスキ生協が日本やスペインを含めた世界各地の生協と違う点は、日本などの生協は消費者を組合員としていて、その生協で働く労働者は、消費者・利用者として組合員になることはあっても、あくまで雇用労働者であって、従業員として組合員であるわけではないのに対し、この「エロスキ」では、消費者組合員と労働者組合員とからなり、理事会も両者から五〇％づつ理事を選出する。つまり消費者協同組合であるとともに労働者協同組合でもあるのである。日本の生協において、そこで働く労働者の労働条件が必ずしもよくない、ある場合には一般企業よりも過酷であるということも言われるが、「エロスキ」においては、従業員は対等な主体なのである。

労働人民金庫

この信用協同組合なくして、今日の「モンドラゴン」の発展はなかったと言われる、重要な機関である。経済危機の中で、ヨーロッパの多くの協同組合や生協がつぶれたり、株式会社に転換していったのは、金融機関の支援を受けられなかったためといわれているが、協同組合が自前の金融機関、資金調達機関を持つことは重要である。協同組合は、組合員の出資金以外に、株式会社と違って、株式市場で資金を調達することができないため、それに代わる社会的資金を調達するためのルートが必要である。

ところで労働人民金庫は、一九六〇年の設立以来、単に加盟協同組合に対する資金提供のみならず、経営指導、財務指導を行い、まさにモンドラゴングループの中枢的機能を担ってきたが、その経営・財務指導を担っていた労働人民金庫内の「企業部（ＬＫＳ）」を一九八九年より分離独立させ、グループの全体理事会の所管とした。

保育園から大学までの教育協同組合

モンドラゴングループの端緒が、アリスメンディアリエタが作った技術専門学校であったことに示されるように、アリスメンディアリエタやモンドラゴングループは絶えず教育を重視してきた。今日、保育園、小学校から大学までを協同組合形式で運営している。またバスク語の教育にも力を入れてきた。なおヨーロッパでも有数の高い水準の工業製品開発研究所（協同組合）も有している。

3　モンドラゴンをどう評価するか

モンドラゴン基本原則

モンドラゴングループは、一九八七年一〇月に、全体会議を開き、「モンドラゴン基本原則」

（一〇原則）、「組合資本原則」、「協同組合間連帯基本基準」、「職務評価基準」を定めている。

「モンドラゴン基本原則」は、①自由加入、②民主的組織（一人一票原則）、③労働主権（賃金労働者を原則として雇用しないなども挙げられている）、④資本の手段・従属性、⑤組合員の経営管理への参加、⑥給与の連帯性（協同組合の実情に応じた給与。内部的には労働評価基準に基づいた連帯。外部的には地域社会の平均給与水準に基づいた連帯。ただし地域の給与水準が適切でないときはその限りでない）、⑦協同組合間の共同、⑧社会変革の追求、⑨協同組合運動の国際連帯、⑩教育の推進、の一〇原則である。

そしてモンドラゴンが一貫して追求してきたのが、雇用の確保・拡大であり、合理化努力をして、効率性は追求するが、首切りは行わず、失業者を出さないということを大原則としている。つまり余剰人員が出た場合は、人手の足りない協同組合に再配置したり、新規の協同組合を立ち上げたりするのである。

また官僚主義に陥ることを防ぎ、民主的運営を保障するものは、情報の民主化であり、情報が公開されており、それに対して現場の労働者が自由に発言できることである。モンドラゴンではできるだけ、情報の開示や時間をかけた討議、一般組合員の参加を重視している。

左右からの批判

ところでモンドラゴンに対しては、左右からさまざまな批判が加えられてきた。保守派やカトリックの保守的部分からは、アリスメンディアリエタ神父は、「赤い司祭」と非難され、資本主義企業家たちからは、「協同組合は税制優遇をゆすりと脅しで獲得して伸びてきた私利私欲の団体で、労働貴族だ」という批判が加えられた。この批判には労働者協同組合に労働者たちが合流しだしたことに対する資本家側の恐怖が背景にある。

正統派社会主義者からの批判は、協同組合の積極的な面は認めつつも、協同組合が市場の原則を受け入れ、資本主義企業との共存を受け入れているとして批判し、協同組合は不十分な解決であり、「室内」社会主義だとして批判した。

もうひとつの批判は、バスクの新左翼的なラジカル民族主義グループETA（バスク祖国と自由）によるモンドラゴンや協同組合主義に対する批判である。彼らは「革命的正統的プロレタリアートとして自分たちの工場で闘争する代わりに、協同組合主義に訴えることによって抑圧から逃れようとしている」と批判し、「協同組合の神話」を打破し、「協同組合主義者を自称するテクノクラート階級に対して闘おう」と呼びかけた。そして一九七二年には、協同組合は株式会社と同じだとして、モンドラゴン内部に、「労働者＝企業家」の神話を打ち砕き、ストライキ権の回復、給与格差反対、資本蓄積反対の闘争を呼びかけ、モンドラゴン指導部は「スペイン新植民地主義の代理人」であると非難した。これに呼応して、一九七四年には、モンドラゴン内部の一部において、初のストが発生した（以上は石塚秀雄著『バスク・モンドラゴン：協同組合の町から』彩流社を参考にした）。

4 岐路に立つモンドラゴン

確かにモンドラゴンは、半世紀に渡って拡大、発展し、変貌も遂げてきた。取り分け一九八六年のスペインのＥＣ（ＥＵの前身）加盟以降、ＥＵ単一市場で、多国籍企業と競合し、生き残って行くために、モンドラゴン自身、よりいっそうの合理化、効率化を進めざるを得ず、また国外にも進出して多国籍企業化を進めざるを得ず、それに対する批判もなされている。国外の低賃金を搾取しているのではないかとか、資本主義的多国籍企業と変わらなくなってしまうのではないかといった批判である。あるいは現地子会社や提携先の企業が協同組合形式ではないではないかといった批判である。しかし少なくとも、工場を国外に移転したために、国内、地元の雇用を減らすということは行っていないようだ。国内の空洞化をもたらす、工場国外移転とは明らかに異なるグローバル化の試みである。また現地の法制度や社会状況、慣行等もあり、現地法人が必ずしも協同組合形式をとることができないのも現実であるが、できるところでは可能な限り協同組合形式を追求したり、そうでない場合も社会的公正には配慮しているようである。

なおモンドラゴンでは、当初一対三の範囲内に抑えられていた組合内の給与格差も、後に一対六まで上限が引き上げられた。しかしそれは高度な特殊技能等を持った専門家を確保するためであって、通常はおおむね一対四の範囲内におさめられているとのことである。しかしこの給与格差の問題については議論の分かれるところである。

またモンドラゴン基本原則にもうたわれているように、協同組合においては、原則として賃金労働者の雇用は行わないことになっており、本来ならばすべて正規の組合員にすべきところであるが、現実にはモンドラゴンでもパート労働や雇用労働が用いられており、モンドラゴン従業員の平均で二割くらいが雇用労働で占められている。しかしできるだけ、彼ら彼女らを組合員化したり、組合員ではなくても、均等の待遇を保障しようとする努力は払われているようである。

なおモンドラゴンには、労働組合は存在しない。協同組合員は雇われる存在ではなく、労働者でもあり、経営者でもあるという建前だからである。労働組合に代わるものとして、組合協議会という協議・決定機関が設けられ、人事や賃金の分配、その他の労働条件や安全対策、福利厚生について協議・決定を行う。しかしこのシステムで、本当に労働者の権理を守れるのであろうか。人事や労働条件等に不満があったり、不利益を受けた場合、その受け皿となって、それをバックアップしてゆく労働組合の組織は、この組合協議会とは別に必要と私は思う。

我々にとってのモンドラゴンの意味

以上見てきたように、モンドラゴンも様々な矛盾や困難も抱えながらも、資本主義企業とは違った、民主的な協同組合原則を掲げ続け、現実と柔軟に対応しながらも、新しいオルタナティブな、社会的企業として成長を続けているように思える。

我々がモンドラゴンから学ぶべきことは、決してモンドラゴンを理想視することでもなければ、それを真似ることでもない。資本主義的な株式会社とは違った、民主的な企業形態が基幹産業や先端産業でも可能であり、資本主義企業に対抗して、立派に経済運営できるということを学び取り、そして日本においても労働者協同組合やワーカーズコレクティブなどの企業形態を拡め、またそのような非営利・協同の経済セクターを現実に築いてゆくことである。日本には、労働者協同組合を法的に保障する法律さえないが、この法制化の課題はその出発点である。ただし必ずしも協同組合形式をとらなくても、株式会社形式をとろうとも、実質的に労働者が主体となった、民主的な運営は可能であり、企業形態だけの形式主義に陥ってはならない。協同組合形式をとっていても、初心を忘れ、資本主義的行動を追求すれば、資本主義的営利企業となんら変わらなくなってしまうのである。

岐路に立つモンドラゴン協同組合企業グループ

――ファゴール家電の倒産に直面して

私は、九年前に書いた前章「モンドラゴン協同組合の経験」でスペインのバスク地方を基盤とするモンドラゴン労働者協同組合企業グループを成功した労働者協同組合の一大グループとして紹介し、特にその中でも同グループの中心的労働者協同組合企業であり、スペイン最大手、EU全体でも有数の家電メーカーでもあった「ファゴール家電」を労働者が資本家なしでも、立派に近代的工場を、基幹産業を運営できることを示す実例として高く評価した。しかしその「ファゴール家電」が二〇一三年一〇月に多額の負債を抱えて倒産した。その背景にはスペイン全体が陥っている未曾有の経済危機があるとはいえ、モンドラゴン協同組合企業グループも大きな岐路に立たされているといえる。

その詳しい原因やその後の情報については、日本ではあまり報道されないし、スペイン語のまったくできない私にとっては、限られた情報しか入らないし、数字的にもどこまで正確なのか自信はないが、その意味で私の知りうる限りの情報(1)に基づくものではあるが、その意味を考えたい。

1　ファゴール家電の倒産の衝撃

モンドラゴン協同組合グループの中心的企業ファゴール家電協同組合（FAGOR Electrodomesticos）が二〇一三年一〇月に約八億ユーロの負債（約八・五億ユーロの負債とする記事もある）を抱えて倒産したことは、日本を含め世界の協同組合関係者に大きな衝撃を与えた。

ファゴール家電協同組合は二〇〇八年から二〇一三年まで連続して六年間赤字を続けてきた。赤字を出し続けるファゴール家電協同組合に対してモンドラゴン協同組合グループ全体も、継続的に巨額の財政支援してきたが、ここにきて、それも限界に達し、これ以上支援を続けると他の協同組合にも赤字が波及する恐れが生じ、財政支援を打ち切り、それが倒産につながった。なおモンドラゴングループでは、基本的に五年連続の赤字を出せば、その協同組合を閉鎖することになっている。

2　ファゴール家電協同組合の位置

ファゴール家電協同組合はスペイン最大手の家電メーカー（主な製品は冷蔵庫、洗濯機、食器洗浄機、電気コンロなどの白物家電）、国内第一〇位の企業グループ、EU第五位の家電メーカーであった。ファゴール家電のスペイン国内における市場シェアは一六・三五％、フランスの市場では一四・二％、ポーランドでは七・二％を占めた。ヨーロッパにおける市場占有率は六％であり、売上高は一四億八九〇〇万ユーロであった（二〇一二年。二〇〇七年の三分の一）。国内外に一六ヵ所の工場を有し、内、モンドラゴンなど国内に三ヵ所、国外（フランス、ドイツ、イタリア、ポーランド、中国、モロッコ、アイルランド）に一三の工場があった。製品は七〇〇万台を生産した。また国内外に一七の子会社を有し、そこでも生産した。(2)

従業員は二〇〇七年時点では約四四〇〇人（内、労働者協同組合員は約四〇〇〇人、被雇用労働者（契約社員）は約四〇〇人）であったが、経営危機と生産減少の中で、被雇用労働者を全員解雇するとともに、労働者協同組合員の一部をモンドラゴン傘下の他の協同組合へと配置転換し、さらに定年が近い労働者協同組合員の早期退職を促した。仕事量の減少に応じて、時短（労働時間の短縮）も実施し、ファゴール家電の総会の決定に基づき、減給（〇八年に六％、一〇年に八％、一二年に六％、合計二〇％）も実施した。その結果、倒産時の二〇一三年一〇月時点では、労働者協同組合員は一八〇〇人となっていた。(3)

労働者協同組合員はその後の破綻処理の過程でも、他の協同組合への配置転換や早期退職が図られたようである。なおファゴール家電の中では、黒字の部門もあったので、清算過程で売却可能な部門は、労働者もセットで移管することも検討されていたようであるが、残念ながら私はその結果は知らない。

モンドラゴン協同組合グループの生誕、発展史的に見て、また事業規模の大きさからも「ファゴール家電」はモンドラゴングループの象徴的存在であった。そして「ファゴール」は企業名であるとともに、ブランド名でもあった。なおモンドラゴングループでは、「ファゴール」（FAGOR）と名のつく、労働者協同組合は、今回倒産した「ファゴール家電協同組合」以外にもいくつかあり、その中には今回の倒産とは無関係の企業もある。ファゴール家電とは別に、高度な技術を持って、工作機械などを製造し、順調に行っている別のファゴールグループもある。

3　倒産時の協同組合員と非正規労働者への対応の違い

今回のファゴール家電の業績悪化、倒産にあたっては、協同組合員については、モンドラゴングループの内規に従い、他の協同組合に配置転換、早期退職（六〇歳まで給料の八〇％を退職給付金として支給）、モンドラゴングループの共済組織LAGUN-AROからの失業手当（給料の八〇％を支給）など、資本主義企業とは違って手厚い保護がなされた。それは協同組合企業の良い点であるが、しかし非正規の契約社員である被雇用労働者については全員解雇された。正規の協同組合員と非正規の被雇用労働者（契約社員）との対応の差は大きな問題である。

もっともモンドラゴンには、「被雇用労働者（契約社員）は組合員の二〇％以下にする」との内部規定があり、待遇もできるだけ均等にしてきたし、非正規の被雇用労働者（契約社員）は新入者で組合員の定年退職者の後継者として次年以降の組合員候補に位置づけられてきたとのことである。このようにモンドラゴンでは、正規と非正規の関係も、一般の資本主義的企業とは違って、かなりの配慮がされてきたようであるが、やはりこのように経営が危機的な状況に陥ると、そのしわ寄せ、犠牲は非正規の被雇用労働者の解雇という形で真っ先に現れる。

労働者協同組合員については、モンドラゴングループの共済組織からの失業手当や早期退職給付金、健康・医療保険給付、六〇歳からの年金給付など手厚い保護がなされているが、非正規の被雇用労働者については、この共済組織からではなく、政府による一般失業手当に頼るほかない。このように業績悪化、倒産時の非正規の解雇は雇用の安定性ということからも、正規と非正規の差別という点からも大きな問題があるといえよう。倒産した協同組合の組合員が、他の協同組合に配置転換されたために、そこで雇用されていた非正規の被雇用労働者が玉突き的に解雇されるという事態も起こったとも伝えられる。

4　ファゴール家電の倒産の原因

スペイン自体の経済危機（二〇〇八年のリーマンショックに始まる世界金融危機の影響）の下、直接的にはスペインにおける住宅バブルとその崩壊（ファゴール家電は新築住宅向け電化製品を主要な製品としていたため）が大きく影響した。スペインでは、この未曾有の経済危機の下、ファゴール家電以外の一般企業でも多数の企業が倒産した。スペインの失業率は二〇一三年には二六・六％となり、二五歳未満の若者では過半数の五六・五％となった。

こういう経済危機の中にあって、ファゴール家電は労働者企業であるため業績が悪化しても資本主義企業のような解雇や「合理化」を行うことが困難であった。

もうひとつの原因としては、安い中国製、韓国製、インド製などの家電製品に市場を奪われたということが言われている。

またファゴール家電は、市場での競争に勝ち残るために、多国籍企業化を図り、ポーランドなど国外工場への投資を進め、そのための資金負担が経営悪化を招いたとも指摘されている。しかしこの問題は、単なる資金面の負担や経営判断だけの問題だけでなく、協同組合の在り方としての本質的な問題を含んでいると思う。

協同組合が多国籍企業化し、国際競争に勝ち残るために、途上国や後発国、新興国の安い労働力を使うということなど、協同組合として邪道であり、それは国際的な労働力の搾取に他ならないという批判もあるし、そもそも協同組合が大規模化すること自体が邪道であるといって、それを否定する意見も少なくないが、近代的基幹産業を労働者協同組合的に担おうとすれば、生産や経済の国際化した今日にあって、どうすればよいかも考える必要がある。先進国と途上国、新興国の労働者の連帯、連携に基づく協同組合的な国際的生産の在り方は可能なのかどうかを含めて、真剣に再考される必要があると思う。

5　モンドラゴンや労働者協同組合を考える意味

前章「モンドラゴン協同組合の経験」でも書いたことであるが、今回のファゴール家電の倒産も踏まえて、我々にとってのモンドラゴンの意味を改めて考えてみたい。

モンドラゴンを象徴する「ファゴール家電」の今回の倒産に見られるように、確かにモンドラゴンは岐路に立たされている。我々がモンドラゴンから学ぶべきことは、決してモンドラゴンを理想視することでもなければ、それを真似ることでもない。

モンドラゴンは「労働者協同組合」という資本主義的な株式会社とは違った、民主的な企業形態が基幹産業や先端産業でも可能であり、資本主義企業に対抗して、経済運営できるということを示したが、今日のグローバル化した経済の中で、勝ち残ってゆくことは容易ではない。ファゴール家電の倒産に見られるような挫折や後退も経験せざるを得ない。そう一筋縄で行くものではない。しかし資本主義的企業との競争に勝ち残るために、その協同組合の原点を忘れて、自らが資本主義企業化したのでは、意味がない。それを防ぎながら、いかに、基幹的産業、大工業をも労働者協同組合的に、労働者自主管理的に運営してゆくか、模索してゆくしかない。そこに困難な課題がある。

また労働者協同組合を育成してゆくことは重要だが、それだけでは限界がある。資本主義大企業、多国籍企業自体を規制し、変えてゆくことも同時になされないと、経済や社会の根本的変革は成し遂げられない。

〈注〉

(1) これらの情報の多くは下記二著に負うものが多い。

石塚秀雄「モンドラゴン・ファゴール家電グループの倒産と当面の教訓」『生活協同組合研究』二〇一四年一月号。

坂内久「スペイン・モンドラゴン協同組合グループの動向——『FAGORの破綻』の実態と対応」『農林金融』二〇一四年七月。

(2) 石塚秀雄前掲。

(3) 坂内久前掲。この従業員数は、子会社等を含まないファゴール家電自体の従業員数と思われる。

マルクス主義と民族理論・民族政策

郷土愛や民族文化に対する愛着はなくならないと思うし、なくす必要も全くないと思うが、自国や自民族を絶対視し、他民族を排斥する偏狭な民族主義、ナショナリズムは克服しなければならない。マルクス主義は、民族や国家の対立を克服するとされてきたが、かつての中ソの国境紛争や中ソ戦争、中越戦争に見られるように、「社会主義国」間の戦争も起こった。また旧ソ連における民族抑圧や中国におけるチベット問題、ウィグル族など少数民族をめぐる問題など民族問題を解決したとはとてもいえない状況である。一方、植民地や半植民地諸国の独立を求める民族運動は、植民地解放の大きな原動力となった。民族主義、ナショナリズムといっても、抑圧している、あるいはかつて抑圧や支配をしていた国や民族の民族主義と被抑圧国、被抑圧民族の民族主義の役割は区別する必要がある。ソ連崩壊後、東欧、旧ソ連地域で民族紛争が激発した。その悲劇的典型が旧ユーゴスラビアの民族紛争である。そして今日、ウクライナ問題を巡って国際的対立が続いている。民族自決や民族自治はいかにあるべきか、またマルクス主義において、民族の問題はどのように扱われてきたのかを再考する必要がある。

1　「労働者は祖国を持たない」

マルクスは、『共産党宣言』（一八四八年）で次のように述べた。

「共産主義者に対して、祖国を、国民性を廃棄しようとしているとして、非難が加えられている。労働者は祖国を持たない。彼らの持っていないものを、彼らから奪うことはできない。プロレタリア階級は、先ず初めに政治的支配を獲得し、国民的階級までのぼり、自ら国民とならなければならないのだから、決してブルジョワ階級の意味においてではないが、彼ら自身なお国民的である。諸民族が国々に分かれて対立している状態は、ブルジョワ階級が発展するにつれ、また貿易の自由が打ち立てられ、世界市場が生まれ、工業生産やそれに照応する生活諸形態が一様化するにつれて、今日すでに次第に消滅しつつある。プロレタリア階級の支配はこの状態を一層早めるであろう。少なくとも文明諸国だけでも共同して行動することが、プロレタリア階級の解放の第一条件の一つである。一個人による他の個人の搾取が廃止されるにつれて、一国民による他の国民の搾取も廃止される。一国民の内部の階級対立がなくなれば、諸国民の間の敵対関係もなくなる。」

マルクスは、資本主義化と世界市場が発展すれば、民族間の差異は縮小し、民族対立も消滅してゆくように描いていた。しかしこれは植民地獲得ための侵略や第一次世界大戦という帝国主義国間戦争が戦われたことを見ても、事実と相違する。確かに資本主義と自由貿易、世界市場の発展は、民族間の接触と交流を増し、共通面を増す側面は大きい。しかしそのことは諸民族を一様化し、対立をなくすとは限らない。取り分け、マルクスの生きた自由主義段階の資本主義と異なって、帝国主義段階の資本主義では、帝国主義諸国は民族的差異や対立を意図的に作り出し、利用する側面も増大する。また帝国主義諸国の植民地支配に対して、植民地の民衆が民族意識を高揚させて、民族独立運動に向かうことにもなる。またグローバリゼーションの席巻する今日にあっては、それに対する反発・反動もあって、逆にナショナリズムや宗教意識が再生・復活している。

2　マルクス、エンゲルスの「歴史なき民族」論

マルクス、エンゲルスは階級対立を重視して、民族対立は階級対立が消滅すれば消滅すると考えた。従って民族問題自体に対する関心も深い認識や洞察も欠いていた。その最悪の例がマルクス、エンゲルスの「歴史なき民族」論である。イギリス人、フランス人、ドイツ人、マジャール人（ハンガリー人）などの「歴史的民族(1)」に対して、スラブ民族は歴史を持たない「非歴史的民族」とした。スラブ民族の中では、ポーランド民族のみを「歴史的民族」とした。各民族はそれぞれの歴史を持っているのであり、何という無理解、蔑視であろうか。それは多民族国家オース

トリア帝国の一八四八年の革命に際して、各民族が革命の側についたか、反革命の側についたかによる、極めて政治的な仕分けであり、その背景には資本主義化が進み、ブルジョワ階級が成長し、従ってプロレタリア階級も成長しつつあるかどうかによって、各民族を区別し、そのような条件のない「非歴史的民族」は「歴史的民族」に吸収され、消滅する運命にあるとするものである。またマルクス、エンゲルスは、時代的な制約があるとはいえ、西欧中心史観、西欧文明の絶対視から抜けられていない。「資本の文明化作用」を重視し、イギリスなど先進国により植民地化され、収奪された植民地民衆側からの視点は薄い。アジアの社会や歴史を「アジア的停滞」と一般化し、イスラム文明や中国やインドの文明や社会に対する理解も一面的である。

もちろんレーニンが主張したような「民族自決権」の主張や、抑圧民族と被抑圧民族を区別して、被抑圧民族を解放するという視点もなかった。

それでもマルクスはイギリスの植民地アイルランドのゲール（アイルランド）民族の独立運動（具体的には、その中で社会主義的色彩のあるフィニアンの運動）[2]を通して、アイルランドのイギリスからの独立がイギリス革命を促進するという視点を獲得するに至り、また、ヴェラ・ザスーリッチとの手紙のやり取りを通して、ロシアのミール共同体[3]に対する理解を深め、社会主義への移行におけるその共同体の役割も一定評価するに至る。

3　カウツキーの民族理論

エンゲルス没後、「マルクス主義の法王」とさえ呼ばれたマルクス主義陣営の指導者となったカール・カウツキーは、民族を「言語共同体」と定義づけ、その独自性を一定程度認めながら、「より小さな民族の言語が徐々に衰退し、やがて完全に消滅し、ついにはすべての文化的人類がひとつの言語、ひとつの民族に統合されてしまう」というように、「世界語」としての「英語」によって世界がひとつの民族に統合されると展望した。

そして民族を「言語」の共通性だけではなく「民族文化共同体」と見るオットー・バウアーの説を批判し、民族の定義を巡って両者の論争が行われた。

後にスターリンは、両者の論争から、一部を剽窃して、「民族とは言語・地域・経済生活・心理的共通性の四点を全て持つ集団。一つでも欠ければ民族ではない」と定義した。しかしこれはスターリンの考え出したものではなく、彼はそれを政治的に利用した。

なおカウツキーは帝国主義諸国間の協調の側面ばかりを見て、その対立を過小評価し[4]、また彼らの指導したドイツ社会民主党や第二インターの主要政党が帝国主義の戦争政策に協力してゆくなど、レーニンによって「背教者カウツキー」と非難される側面があったし、社会排外主義への批判の欠如や抑圧民族としての自覚や被抑圧民族の解放という視点も欠けていた。

4　民族自決権を否定したローザ・ルクセンブルグ

ローザ・ルクセンブルグはユダヤ系のポーランド人として生まれ、ポーランドおよびドイツで活動し、ドイツ革命の途上で、官憲により虐殺された、非常に優秀な共産主義女性革命家である。当時のポーランドは、ドイツ、オーストリア、ロシアの三国に分割され、独立を失っていたが、彼女は民族の自治や民主主義一般の実現は主張するものの、ポーランド国家の統一や政治的独立は主張しなかった。ポーランドは独立するよりもロシアなどと一体化して、資本主義を発展させ、それによりプロレタリアートを育てて、革命への条件を整える途を主張した。(5)

確かに彼女は、大衆の自発性を尊重し、レーニン流の中央集権的な党組織論ではない、民主主義的な組織論を持っていたし、それは評価する必要があると思うが、理不尽にも何度も周囲の大国に分割占領されてきたポーランド民衆の独立への要求や民族意識を正しく認識していなかったと言わざるを得ない。

5　民族自決権を支持したレーニン

レーニンの民族認識、民族理論もその初期と、後期ではかなり変化、発展してきた。初期においては、民族問題よりも階級対立を重視し、「連邦主義や民族自治を宣伝することはプロレタリアートの仕事ではない」、「民族の自決ではなく、それぞれの民族内のプロレタリアートの自決に配慮」、「民族自治の要求を支持することは、個々の例外的な場合だけ」（『民族自決権について』）というように、民族自決や民族自治をかなり限定的にとらえていた。単一の民主共和国を主張し、連邦主義も否定していた。

しかしレーニンは、その著書『資本主義の最高の発展段階としての帝国主義』（『帝国主義論』一九一六年）を著わすことにより、その民族理論も深化させた。この著作では、資本主義が帝国主義という新たな段階に入ったことを明らかにし、植民地再分割のための帝国主義国間戦争が不可避であることを示し、帝国主義戦争に反対し、戦争を革命に転化することを主張した。また帝国主義諸国からの植民地独立を支持した。そして帝国主義は民族抑圧を伴うものであり、それに対して民族自決権を擁護する必要性を主張した。また抑圧民族と被抑圧民族を区別（一九一五年「革命的プロレタリアートと民族自決権」）し、大ロシア主義を諌め、抑圧民族としての責任を説き、「エンゲルスのカウツキーへの手紙」（一八八二年九月一二日付）から「勝利したプロレタリアートがどんな種類の幸福であれ、他民族に押しつけるなら、必ず自分自身の勝利を覆すことになる」というエンゲルスの文を引用し、その重要性を強調している（『自決に関する討論の決算』一九一六年）。

ロシア十月革命達成直後の十一月八日（ロシア暦十月二六日）に、ソビエト政権は、第二回全ロシア・ソビエト大会で「土地に関する布告」と並んで、「平和に関する布告」を発表し、「無賠償」「無併合」「民族自決」に基づく即時講和を第一次世界大戦の全交戦国に呼びかけた。この呼びかけは、各交戦国に無視されたが、「民族自決」の呼びかけは植民地の民衆に大きな反響を呼び、翌年一月に米国のウィルソン大統領が提唱した「十四か条の平和原則」にも影響を与えた。そしてソビエト政権は、ロシア帝国に支配されていた、フィンランド、ポーランド、バルト三国（リトアニア、ラトビア、エストニア）の独立を認めた。

レーニンは革命達成後は、かつて自らが主張した、単一の民主共和国を求め、連邦主義を否定した考えを改め、それまでのロシア帝国のような単一国家ではなく、「ソビエト社会主義共和国連邦」という、離脱の自由（ただし後述するように実際には虚構であったが）を認める各構成共和国により構成される社会主義共和国の連邦という形を採用した。一九二二年十二月三〇日、第一回全連邦ソビエト大会において「ソビエト社会主義共和国連邦」（ソ連）の樹立が宣言された。

レーニンはロシア民族が旧ロシア帝国で抑圧民族であったことを自覚するようになり、旧ロシア帝国内の被抑圧民族に、自決権を与えようとしたのである。しかし社会主義革命を守り、資本主義列強の干渉を排し、内戦に勝利するために、実際の行動においては、その原則を貫けなかった場合や、レーニン自身も支配民族としての意識から完全に抜けきれなかった面もある。

またこのレーニン個人の限界以上に大きな問題は、ソ連では、共産党組織が絶対的権力を持っていて、各構成共和国の共産党組織は、ソ連邦共産党（初期はロシア共産党）の下部組織でしかなく、自決権はないということである。構成共和国は連邦から分離・独立の権限を保障されているとされたが、各国政府は、中央集権的なソ連邦共産党に一元管理されており、「分離・独立の自由」は絵に描いた餅であった。そしてソ連邦共産党のこの一元支配が機能しなくなったとき、ソ連邦は解体したのである。

6　ロシア赤軍によるポーランド進攻（一九二〇年）

一九二〇年のロシア赤軍によるポーランド・ワルシャワ進攻作戦などは、レーニンの言行不一致の最たるものであろう。確かに、ウクライナに進攻したポーランド軍を追ってのポーランド進攻ではあったが、またポーランドからドイツへと革命を波及させ、世界革命を達成しようという意図があったかもしれないが、このレーニンのロシア赤軍を用いてのポーランド進攻には、トロツキーだけでなく、スターリンさえも、そしてボリシェビキ政治局員の多数派も、「ロシア人が赤軍服を着ていようと、それは再び民族的圧迫のための戦争としか受け取られない」と反対したとのことである。このことは、かつて植民地支配した日本の軍隊が「革命軍」や「解放軍」と名乗ろうとも、韓国・朝鮮の人々を解放すると称して軍事侵攻した事態を考えてみれば、その重大さが分かる。これこそまさにレーニンが否定したはずの、他民族への「幸福」の押し付けでなくてなんであろう。

7　ユダヤ人ブントに対するレーニンの批判

時代は前後するが、ユダヤ人ブント（リトアニア・ポーランド・ロシア・ユダヤ人労働者総同盟）に対する、一九〇三年における党大会を始めとしたレーニンによる批判、排撃にも、レーニンの民族政策の問題性が表れている。

ロシアは二〇世紀初頭、全世界のユダヤ人人口の半数近い五二〇万人もの世界最大のユダヤ人人口を抱える国であったが、ロシア・ツァーリズム体制の下で、ユダヤ人に対する過酷な差別と抑圧に満ちた社会であり、ロシア人民衆の手によるユダヤ人虐殺であるポグロムも度々起こった。ユダヤ人は農地を持つことも許されず、ゲットーと呼ばれる周囲を塀で囲われた狭く劣悪な居住地に閉じ込められてきた。またロシア・東欧のユダヤ人の多くはイディッシュ語という独特の言葉を話し、多くのユダヤ人民衆はロシア語を解さなかった。そのようなユダヤ人労働者の多くを組織し、ユダヤ人の政治的自由と文化的自治を要求して闘っていた社会主義の一大潮流がユダヤ人ブントであった。

しかしレーニンは、ボルシェビキの中央集権的・一元的組織原理、単一党原則を脅かすものとして、ユダヤ人ブントを排斥した。そもそも多くのユダヤ人民衆はロシア語を解さなかったためロシア人党員と同じ組織に属しても、会話や政治討議も困難な状況であった。そのような中で、ユダヤ人を独自に組織し、その上でロシア人などと連合するのは、ある意味自然なことであったが、一元的組織、単一党原則を重視するレーニンにはそれが許せなかった。しかしこのことはユダヤ人問題に対するレーニンの無理解も示している。レーニンはユダヤ人を民族とは認めようとしなかった。イディッシュ語はジャルゴン（仲間うちにだけ通じる特殊用語、俗語）であって、独自の言語ではなく、ゲットーという「領土」しか持たないから民族ではないというのである。レーニンの周りにはトロツキーなどのロシア語を自由に操る優秀なユダヤ人が多くいたから、そのように誤解したのかもしれないが、理不尽にもゲットーに閉じ込められているユダヤ人大衆の置かれた状況を全く理解していないと言わざるを得ない。

なおユダヤ人ブントは、シオニズムを批判して、ユダヤ人のパレスチナへの移住ではなく、ロシアなどの現居住地での政治的、社会的、文化的解放と平等を求めていた。

スルタンガリエフなどのムスリム諸民族の共産主義者に対する対応も、レーニンはその意義を理解できず、弾圧した限界が、山内昌之著『スルタンガリエフの夢――イスラム世界とロシア革命――』（一九八六年、東京大学出版会）や白井朗著『二〇世紀の民族と革命：世界革命の挫折とレーニンの民族理論』（一九九九年、社会評論社）、同じく白井朗著『マルクス主義と民族理論：社会主義の挫折と再生』（二〇〇九年、社会評論社）の二著、とりわけ前著に詳述されている。(6)

8　スターリンによる大ロシア主義的政策と「グルジア問題」

スターリンは、革命前から『マルクス主義と民族問題』（一九一三年）を著し、レーニンもその民族理論を正しいものとし、革命後、スターリンはレーニンに推されてロシア・ソビエト連邦社会主義共和国の初代の民族問題人民委員になった。

しかしスターリンの民族理論は、先に述べたように、「民族とは言語・地域・経済生活・心理的共通性の四点を全て持つ集団。一つでも欠ければ民族ではない」という硬直したものであった。そして民族問題人民委員としてのスターリンは、自身がグルジア人であるにもかかわらず、大ロシア主義的態度、政策を採り、当時のグルジアがボルシェビキと対立するメンシェビキの支配下にあったこともあり、同じグルジア人のオルジョニキーゼを司令官として、赤軍を派遣して、グルジア内で蜂起したボルシェビキを支援するとの名目で、グルジア内に侵攻しメンシェビキのグルジア政府を潰した。（このロシア赤軍のグルジアの首都チフリス（現トリビシ）占領の日、一九二一年二月二五日は、ペレストロイカ期になって、屈辱の「グルジア併合」の日とされた）。レーニンは、ロシア・ソビエト連邦社会主義共和国が他の共和国とともに、各共和国に分離の自由も認めつつ、対等な資格で共にソビエト社会主義共和国連邦を結成すべきであると主張してきた。

一方スターリンは、各ソビエト共和国は自治共和国としてロシア連邦共和国に加入すべきであるという「自治共和国化」案を推進しようとしたが、それに対しレーニンは大ロシア主義的として批判し、それを阻止しようとした。

結局、グルジア、アゼルバイジャン、アルメニアのザカフカス（「ザカフカス」とはカフカス山脈の（ロシアからみて）「向こう側」の地域という意味で、この三国からなる南カフカス地域を指す）の各国を独立した共和国としてではなく、これらザカフカス三カ国を統合して「ザカフカス・ソビエト連邦社会主義共和国」という形にした上で、ロシアなど他共和国と連邦する形にして、一九二二年末にソ連邦が成立したが、この統合には、グルジアなどでは、反発も強く、一九三六年にはザカフカス・ソビエト連邦社会主義共和国は廃止され、グルジア、アゼルバイジャン、アルメニアの各ソビエト社会主義共和国に分割された。

スターリンは、表面上はレーニンの主張に従うふりをして、「連邦共和国」という形式を採りつつ、実質は「自治共和国」化してゆき、後にはその自治をも実質奪っていった。

そして一九三七年以降から一九四〇年代にかけて、極東沿海州に住む朝鮮人やヴォルガ河流域のドイツ人、クリミア・タタール人、チェチェン人、イングーシ人、メスヘティ・トルコ人、カラムィク人など二百万人以上を、日本やドイツに協力する可能性のある敵性民族として、民族丸ごと中央アジアやシベリアに強制移住させた。貨車に積み込まれての移動の途中や慣れない土地の厳しい自然環境の中で多くの人々が命を落とし、ペレストロイカ期になるまで、故郷に帰還を許されなかった民族、人々も多い。

9　レーニン「最後の闘争」

レーニンはスターリンのグルジア問題に対する対応を見て、スターリンに不信を抱くようになり、病床（一九一八年八月三〇日に銃撃・重傷を負った暗殺未遂事件の後遺症といわれる）の中で、スターリンの大ロシア主義的な少数民族政策などを批判し（「少数民族の問題または『自治共和国』の問題に寄せて」一九二二年一二月三〇日～三一日）、スターリンの排除（書記長罷免提案）を訴える手紙（「大会への手紙」一九二三年一月四日付）など、後に「レーニンの遺書」とも呼ばれる、一連の覚書を口述筆記させるが、それらはスターリンによって握りつぶされ、公表されることはなかった。

レーニンは、一二月三一日に口述筆記された覚え書き「少数民族の問題または『自治共和国』の問題に寄せて」の中、「抑圧民族、すなわち、いわゆる『強大』民族にとっての国際主義とは、諸民族の形式的平等を守るだけでなく、生活の内に現実に生じている不平等に対する抑圧民族、大民族の償いとなるような、不平等を忍ぶことでなければならない」と述べた。

その後レーニンの病状は悪化し、一九二三年三月一〇日には、会話能力も完全に失い、そして一九二四年一月二一日に四度目の発作を起こし、死去した。享年五三歳、若過ぎる死である。レーニンがもう少し長く健在であれば、スターリンの独裁を阻止できたかもしれないことを考えると誠に残念である。

10 トロツキーの「ヨーロッパ合衆国」構想

トロツキーは『民族と経済』（一九一五年）で、「我々は諸民族の自決権を放棄しようとは思わない。（中略）他方で我々は、経済の中央集権化要求に対して、各々の民族グループの『主権』を対置するような考えから無限に遠い。（中略）民族的要素と経済的要素の弁証法的調和を発見する。全ての民族の自決権の承認は、我々にとっては必然的に、全ての先進諸民族の民主主義連邦のスローガンによって、ヨーロッパ合衆国のスローガンによって補足されなければならない。」と「ヨーロッパ合衆国」を展望している。

またバルカン半島の極度に入り組んだ民族分断とそれを基盤に成立している軍国主義勢力の絶え間ない抗争が、バルカンの経済的、文化的発展を阻んでいるとして「バルカン共和国連邦」を提唱している。

なおユーゴスラビアのチトーは戦後、「ドナウ連邦」（ドナウ諸国関税同盟）構想を追求しようとしたが、それはトロツキーの「バルカン共和国連邦」やカール・レンナーの提唱した「ドナウ連邦」構想とも共通する側面もあった。しかし対等な連邦と東欧諸国の自立化は、東欧諸国をソ連の衛星国化しようとしていたスターリンの怒りを買い、ユーゴスラビア共産党のコミンフォルム除名とチトーに同調する東欧指導者の粛清を招いた。

ところでトロツキーはレーニンが強行した一九二〇年のポーランド進攻に反対（この時はスターリンなどボルシェビキの多数派も反対）し、一九三九年には、ウクライナ民族の自決権を支持して「独立ソビエト・ウクライナ」の展望を支持した。しかし一九二一年のスターリン・オルジョニキーによるグルジア進攻と大ロシア主義的対応には明らかな反対はしなかった。レーニンのスターリン排除のための「最後の闘争」にも呼応することはなかった。

11　オーストロ・マルクス主義の強調した「文化的自治」

ところでハプスブルク帝国（オーストリア・ハンガリー二重帝国）の首都、中欧の文化の中心ウィーンを拠点にオーストロ（オーストリア）・マルクス主義と呼ばれる、ボルシェビキなどのロシア・マルクス主義とは異なる、一群の多様なマルクス主義思想が花開いた。その中で民族理論においても、多民族国家ハプスブルク帝国（オーストリア・ハンガリー二重帝国）を反映して、独自の民族自治論が生まれた。

オットー・バウアーやカール・レンナーが強調した「文化的自治」の主張である。これはレーニンが主張し、ソ連である程度実現した「領域的自治」とは異なるものであるが、今日、その意義はもっと強調されてよい。

オットー・バウアーは、一八八一年オーストリア（当時ハプスブルク帝国）の首都のヴィーンに裕福なユダヤ人繊維工場主の息子として生まれ、第一次大戦に士官として従軍して、ロシア軍の捕虜となり、一九一七年のロシア二月革命後に釈放されて、オーストリアに帰国し、オーストリア社会民主党の左派の指導者となり、第一次大戦終戦後は、オーストリアの外相も務めた。『民族問題と社会民主主義』（一九〇七年）、『ボリシェヴィズムか社会民主主義か？』（一九二〇年）、『オーストリア革命』（一九二三年）、『社会民主主義、宗教、教会』（一九二七年）、『二つの世界大戦のはざまで』（一九三七年）などの著作を次々と発表し、オーストリア社会民主党の理論的指導者となった。

一方カール・レンナーは、一八七〇年に、当時オーストリア・ハンガリー二重帝国領であった南部メーレン（現在のチェコ領）ウンター・タノヴィッツ（現在のドルニー・ドゥナヨフツェ）の小さなブドウ農家の一八番目の子供として生まれた。農業危機のために家が破産してますます苦しい生活を送るようになったが、ウィーン大学に進学し、法律を学ぶ傍ら、オーストリア社会民主党で社会主義運動に関わった。第一次世界大戦終結直後のオーストリア共和国の初代首相と第二次世界大戦終結直後のオーストリア共和国の臨時首相・初代大統領を務めたことからオーストリアの「祖国の父」とも呼ばれる。かつて「ドナウ連邦」の構想なども提唱したが、それは実現しなかった。

民族自決権を擁護し、それが可能な地域では、民族独立や領域的自治を実現することは必要かつ重要であるが、民族が混在、混住している地域では、領域的自治を貫こうとすると、領域内の他民族を排除する民族浄化になりかねない。それが最も悲劇的な形で現実となったのが、旧ユーゴスラビアの民族紛争[7]であり、取り分けその中でもボスニア・ヘルツェゴビナのそれである。オットー・バウアーなどのオーストロ・マルクス主義者の活動したオーストリア・ハンガリー二重帝国は、多数の少数民族を抱え、しかもそれら民族が混住している地域も多かった。旧ユーゴスラビアのクロアチアはオーストリア・ハンガリー二重帝国領であった（ボスニア・ヘルツェゴビナやセルビアはオスマン帝国領だった）。

オットー・バウアーは、そのような現実を踏まえて、『民族問題と社会民主主義』（一九〇七年）の中で、「文化的自治」を主張した。「民族自決」、「民族独立」や「領域的自治」がその領域内の「政治的自決」や「政治的自治」を主張するのに対し、「民族文化」や「言語教育」などの民族固有の文化を居住地域に関係なく（実際には居住地域に無関係でない場合もあろうが）保証するものである。オットー・バウアーが提唱した「文化的民族的自治」は、個人の自主申告に基づいて民族台帳を作成し、地域に基づかない民族毎の公法団体に民族の文化・行政を任せるべきと主張した。

もっとも第一次大戦での敗戦を前にして、革命が起こり、ハプスブルク帝国は解体し、帝国内の主要各民族が独立したため、オーストリアは、ドイツ民族主体の共和国となったため、オットー・バウアーらが提唱した「文化的自治」が実現したわけではない。

なおレーニンとトロツキーは、ロシア帝国の場合と同様、オーストリア・ハンガリー二重帝国の下にある諸民族の解放は、この帝国を打倒・解体することなしにはありえないとして、オーストリア・ハンガリー二重帝国の解体ではなく、その維持を前提にしての、その枠内での多民族国家の再編を図ろうとしたオーストリア社会民主党とオーストロ・マルクス主義者の民族理論を厳しく批判した。

またレーニン、そしてスターリンはユダヤ人ブントの指導者ヴラジミール・メデムと並べて、オットー・バウアーやカール・レンナーらを批判・非難したが、オットー・バウアーは自身がユダヤ人であるにも関わらず、ユダヤ人に関しては、同化を唱えた。確かに西欧では、独自の言語を失い、文化的言語的に居住地域の民族に同化しているユダヤ人が多いが、しかし東欧やロシアにおいては、イディッシュ語というドイツ語を母体にするけれども、ヘブライ語やユダヤ系の人々が使う語彙を取り入れたその地域のユダヤ人が日常使う独特の言語を共通にしている文化的共通性を維持していたのであり、この「同化」の主張は自らの唱えた「文化的自治」の考え方と矛盾している。

ところでこの「文化的自治」という考え方は、「多文化共生」や「文化多元主義」にも通じる考え方であり、今日その重要性は再評価されるべきである。実際、EUが統合される中で、ヨーロッパにおける国境の壁は低くなり、これまで国民国家に統合されることを拒否して、独立を主張してきた地域や民族も、独立よりは自治を選択するようになってきている。一時は独立や自決を求めて、激しく武装闘争も行われた北アイルランドやバスクなどでも、独立を求める声は以前ほど強くなくなった。近年のスコットランドやカタルーニャにおける独立を求める動きはあるが、それらもEUという大枠を前提とした独立構想になっている。さらにヨーロッパではないがカナダのケベック州では英仏二カ国語表記など、文化的多元主義が採用されている。

12 民族・植民地問題をめぐるレーニン・ロイ論争

一九二〇年のコミンテルン第二回大会において、「民族・植民地問題に関するテーゼ」をめぐってレーニンとインド出身の若い共産主義者マナベーンドラ・ナート・ロイ(8)との間で論争が行われた。この大会には、レーニンのテーゼ草案とロイの補足テーゼ草案が出された。両者はかなり違う内容のものであったが、レーニンはそれを踏まえた上で、敢えてロイにその補足テーゼ草案を提出することを勧めた。

レーニンは植民地諸国はプロレタリア革命の段階に入る前にブルジョワ民主主義革命を経なければならない（二段階革命）ので、植民地諸国の民族解放運動はブルジョワ民主主義革命の意義を有しており、従って共産主義者は民族主義的ブルジョワジーの指導下にある植民地解放運動を支援しなければならないと主張したのに対し、ロイは、「インドのような最も発達した植民地諸国においても、ブルジョワジーは、階級としては、経済的にも文化的にも封建的な社会秩序とは区別されていない。従って民族主義運動は、その勝利が必然的にブルジョワ民主主義革命を意味するわけではないという意味で、イデオロギー的には反動的である。ガンディーの役割をめぐって、我々は決定的に意見が対立した。大衆運動の鼓吹者かつ指導者として、ガンディーは一個の革命家である、とレーニンは信じていた。私は、外見上はいかに革命的に見えようとも、宗教的・文化的に復古主義者たるガンディーは社会的には反動的たらざるを得ないと主張した」（ロイ『回想録』）。そしてロイは「経済的・工業的後進性の故に、植民地の人民はブルジョワ民主主義の段階を経過せざるを得ない、という推定は誤りである」と言い、「真の革命勢力は外国帝国主義を打倒するだけでなく、次第に前進してソビエト権力を発展させるであろう」とした。

もうひとつの争点は、世界革命の展望に関わる問題で、ロイは、ヨーロッパの革命運動の運命は、東方の革命の進行に完全に依存しているという見解を主張した。それに対してレーニンは、「ヨーロッパの革命がもっぱら東方諸国の革命運動の発展と力量の程度に依存するなどというのは、同志ロイの行き過ぎである」と反論した。

しかしレーニンもこの論争を通して、ロイの考えを一部取り入れて、レーニンのテーゼ草案とロイの補足テーゼ草案の双方を各々一部を修正した上で、この大会では、テーゼ、補足テーゼ双方を採択した。その採択された補足テーゼでは、「植民地における革命への第一歩としての外国資本主義の打倒のためには、ブルジョワ民族主義の革命的分子の協力は有益である。しかし、第一の、必須の任務は、農民と労働者を組織して彼らを革命とソビエト共和国の樹立に導くような共産党を建設することである。こうして後進諸国の大衆は、資本主義的発展を通じてではなく、先進資本主義諸国の自覚したプロレタリアートの階級に率いられて、共産主義に到達することができるであろう」とされた。

13 「台湾独立」に言及した時期もある毛沢東

辛亥革命（一九一一年～一九一二年）により成立した中華民国で臨時大総統になった孫文は「五族共和」論（五族とは漢、満、蒙、回、蔵の五民族）を唱えたが、「漢民族を中心に、満、蔵、回などを同化せしめて、漢民族を改めて中華民族とする」（孫文の一九二一年三月二六日演説）というように「大漢民族主義」的色彩が強かった。

ロシア革命の影響を受け、一九二一年七月に上海において中国共産党が結成され、一九二二年七月の第二回党大会では、民族問題に関して、①東三省を含む中国本部を統一して真の民主共和国を作る。②蒙古・西蔵・回疆の三地域で自治を実行し民主自治邦とする。③自由連邦制によって中国本部・蒙古・西蔵・回疆を統一し、中華連邦共和国を作る。翌年の第三回党大会の党綱領草案では、「西蔵・蒙古・新疆・新海などと中国本部の関係は当該諸民族の自決による」と民族の自決権が強調された。

一九三一年一一月には、「中華ソビエト共和国」を作ったが、その「憲法大綱」は、「中華ソビエト政権は中国領域内の少数民族の自決権を認め、各弱小民族が中国から離脱して自ら独立国家を樹立する権利を認める。蒙・回・蔵・苗・黎・高麗人などおよそ中国領域に居住する者は、中華ソビエト連邦に加入し、またはそれから離脱し、もしくは自己の自治区域を樹立する完全な自決権を持つ。」と規定した。

また毛沢東は、一九三六年七月一六日に、アメリカ人記者エドガー・スノーに対し、「満州は取り戻さなければなりません。しかしかつて中国の植民地であった朝鮮は含みません。(中略)我々は朝鮮の独立闘争に対し熱烈な支援を与えるつもりです。同じことが台湾にも当てはまります。中国人とモンゴル人が住む内モンゴルについては、我々はそこから日本を追い出すために戦い、内モンゴルが自治国家を作るよう助けるつもりです」と述べ、「台湾独立」に言及したという。

日中戦争が始まると中国共産党は、「中華民族」を強調し、「中華民族を半植民地状態、亡国滅種の危険から解放するための戦争」に全民族が結集するように呼びかけ、少数民族の文化や宗教を尊重し、大漢族主義をただすと約束した。日中戦争を通して、中国共産党は、それまでの連邦制の主張から、「統一した共和国」へ、民族の自決権ではなく「民族の自治権」へと後退させた。一九四〇年代は、各民族に自決権を認めるかどうか、連邦制か単一国家かは、明確に方針が固まったわけではなく、模索の時期であった。

しかし建国後は、一貫して連邦制は否定し、各民族の自決権ではなく、区域自治政策を採り、少数民族には宗教などの文化自治を賦与することにした。新中国の枠組みを決めた共同綱領を起草する一九四九年九月の人民政治協商会議では、「多くの同志がソ連に見習って連邦共和国を作るべきだと主張したが周恩来がそれをきっぱり斥けてた」と言われる。そして周恩来はその理由を「帝国主義が民族問題を利用して中国の統一を離間しようとするのをどうしても防がなければならない」「今、帝国主義者が我がチベット、台湾、ひいては新疆を分裂させようとしている状況で、諸民族が帝国主義者の挑発に乗らないように願いたい。この点から、わが国の名称は中華人民共和国とし、連邦とはしないのである」と述べている。また民族工作の責任者であった李維漢は、「わが国とソ連の歴史発展と具体的状況は違うので連邦制を採るのは好ましくないと考え、統一した（単一制の）国家の中で自治地方制度を採るのがよい」と提案した。党中央と毛沢東はこの提案に賛同し取り入れたという。李維漢が挙げたソ連との違いは次の二点。①ソ連では少数民族の人口が総人口の四七％であるが、中国ではわずか六％、しかも彼らの多くは漢族と雑居している。②ソ連は、二月革命、十月革命の時点で諸民族がいくつかの共和国に分かれており、そのためやむを得ず連邦制を採用した。それは将来における国家統一への移行形態だった。マルクスもレーニンもスターリンも、単一国家の中での地方自治・民族区域自治を原則としていた（なおこの最後の一文は、前述したように、少なくともレーニンに関しては事実と相違する）。

そして中華人民共和国成立後も統合が遅れたチベットも一九五一年の人民解放軍の進駐、そして一九五九年三月の「反乱」を経て、併合された。(9)

14　従属論・新従属論

先進資本主義国の経済発展は、周辺の後進国、植民地からの搾取や収奪により成り立っており、第三世界諸国の低開発は、その経済が先進資本主義国に従属する構造になっているためで、それから脱却するためには、その関係を断ち切る必要があるとする従属理論、新従属理論が登場して、一時期、第三世界諸国に大きな影響を与えた。代表的な理論家としては、アンドレ・グンダー・フランクやサミール・アミンらである。アルジリ・エマニュエルは国際的不等価交換論を唱えた。中心・周辺の世界システム論を展開したイマニュエル・ウォーラーステインなどもこの系譜に属する。またヨハン・ガルトゥングの構造的暴力論などにも影響を与えたといわれる。

この従属論、新従属論は、かつての植民地諸国が「独立国」として政治的には独立しているように見えても、経済的には新植民地主義に支配されているとする、新植民地主義批判の理論的根拠の一つともされた。

また政治的には毛沢東の自力更生路線とも親和的であった。しかし中国毛沢東路線の破綻やNIES諸国やBRICS諸国、「改革開放」後の中国の「経済発展」により、この従属論、新従属論の理論的影響力も衰えた。しかしその提起した問題は依然大きく残っている。

結びにかえて

近年、ウクライナ内の地域対立、ウクライナ人とロシア系住民との対立、そしてクリミアのロシアへの編入をめぐって、東西冷戦の再来を思わせるような、ロシアと欧米諸国との対立が生まれている。

一方、日本では、この間、尖閣諸島（釣魚島）、竹島（独島）、「北方領土」問題というように領土問題・国境紛争をめぐってナショナリズム、排外主義が煽られてきた。非常に危険な動きである。

これまで見てきたように、マルクス主義は様々な民族理論を展開し、そして「社会主義」を掲げた旧ソ連や中華人民共和国は、様々な民族問題に直面してきた。その中で、領土・国境をめぐる「社会主義」を掲げる国家間の戦争、旧ユーゴスラビアにおける民族間戦争・民族浄化という悲劇的な惨劇も生み出した。

旧ユーゴスラビアなどに多く見られる民族混住地域では、旧ソ連などで進められてきた「領域的自治」だけでなくて、オーストロ・マルクス主義が提唱した「文化的自治」が改めて見直されるべきであるし、それとも共通する文化的多元主義が尊重されるべきである。日本をはじめ各国で偏狭なナショナリズムや排外主義が台頭しつつある中で、この文化的多元主義の意義は益々重要になっている。

トロツキーが提唱した「ヨーロッパ合衆国」は、トロツキーが意図したものとは違う形（社会主義の側、民衆の側からの統合が、資本の側からの統合に先を越されたという側面もある）ではあるが、「ヨーロッパ連合（EU）」という形で、国家を超える一定の地域統合を実現した。もちろんその中でも、ギリシャをめぐる問題のように、EU内での南北問題という新たな内部対立を生んではいるが、EUが民族国家を超える、大きな試みであることは事実であり、現実の国際政治にも大きな役割を果たしている。

国境紛争についても、領有権を互いに争うのではなく、その地域の住民の相互利益になる形で、共同管理・資源の共同利用するという発想も必要だと思う。石炭・鉄鉱石を産することにより、長年、独仏間の係争地であった両国国境地帯のルール地方、ザール地方、アルザス・ロレーヌ地方は、第二次世界大戦後、その資源を「ヨーロッパ石炭鉄鋼共同体」という大きな枠で、いわば共同利用する形で、両国の和解・協力、その後のヨーロッパ統合、今日のEUにつながる基礎を築いた。

ところで二〇一四年は第一次世界大戦勃発百周年に当たったが、当初、オーストリア、セルビア二国間の争いであったものが、連鎖的一挙的に世界大戦にまで拡大したのは、軍事同盟という名の「集団的自衛権」の行使であったことも忘れてはならない。民族や国家間の対立を拡大したり、戦争という形で解決するのではなく、互いの違いは認めつつ、共存・協力してゆく道を探りたい。そしてマルクス主義の側も、旧来の発想にとらわれず、新しい現実と向き合う中で、民族対立を解消する方向で、民族問題に具体的に取り組んでゆく必要がある。その理論体系化は、私には能力不足でとてもできることではないが、この問題から目を離さないで行きたい。

〈注〉

(1) エンゲルス「マジャール人の闘争」一八四九年。エンゲルスは「歴史的民族」として他に、イタリア人、スペイン人、スカンジナビア人を挙げている。

(2) エンゲルスは妻がアイルランド人であり、官憲に追われたフィニアンを匿ったが、マルクスのようにフィニアンの運動やそのイギリス革命に対する意義を評価することはなかった。

(3) 当時ロシアに残っていた、耕地の定期割替制の共同体。マルクスは、「ヴェラー・ザスーリッチ宛の手紙」（草稿、一八八一年）で、「ロシアは西欧ではすでに解体した「農耕共同体」が、なお広大な農村を支配している国である（西欧と異なってここでは土地の共同所有から私的所有への転化が問題となっている）。しかもこの共同体は資本主義の危機の時代に同時存在しているので、共同体の解体＝資本主義化の道を通らないで、資本主義の肯定的成果（生産力的遺産）を継承しながら新しい社会（社会主義）へ発展する可能性がある。農奴解放後、この共同体は国家により収奪され貧血状態にあるが、ロシアの革命（それが西欧のプロレタリア革命の合図となり、両者が相補う場合には）を行うことにより、この共同体を救済することができる。その場合には『ロシア社会を再生させる要素』となりうるだろう」と記した。

(4) カウツキーの帝国主義諸国間の協調の側面ばかりを見て、その対立を過小評価する理論は、「超帝国主義論」とも呼ばれ、レーニンによって批判された。

(5) ローザ・ルクセンブルクの民族問題に対する考え方については、加藤一夫著『アポリアとしての民族問題 ローザ・ルクセンブルクとインターナショナリズム』（一九九一年、社会評論社）に詳述されている。

(6) 本論稿の多くは白井朗著『二〇世紀の民族と革命：世界革命の挫折とレーニンの民族理論』（一九九九年、社会評論社）や同じく白井朗著『マルクス主義と民族理論：社会主義の挫折と再生』（二〇〇九年、社会評論社）の二著、とりわけ後著に多くを負っている。

(7) 旧ユーゴスラビアの民族紛争に関しては、「領域的自治」「文化的自治」という問題以外にも、市場経済による地域間・民族間経済格差の拡大とそれに伴う民族対立の激化、ドイツや米国、バチカンなどの外部勢力の介入、第二次大戦時の民族虐殺問題に正面から向き合うのではなく、その記憶を封印したことによる民族敵対感情の非解消と潜行化、民衆武装体制の下、武器が身近にあったことなどさまざまな要因が複雑に絡み合っている。

(8) 本名ナレーンドーラ・ナート・バッターチャールヤ。一八八六年(一八九三年ともいわれる)、インドに生まれ、十代で反英独立運動の地下活動に加わり、一九一五年、武器調達の任を帯びて出国中に反乱計画が露見して、米国に逃れる。一九一八年には米国でも逮捕状が出され、隣国メキシコに逃れる。そこでメキシコ社会党(後の共産党)に参加して頭角を現し、一九一九年夏には、ソビエト政府の密使ボロージンとの討論を通して共産主義者になったといわれる。ボロージンからの報告によって、「東洋の革命家=ロイ」の存在はレーニンの耳にも達していた。モスクワからの招請を受けて、ロイは一九一九年一一月メキシコを発って、ロシアに向かい、一九二〇年のコミンテルン第二回大会に、形式上はメキシコ共産党の代表、実質的にはインド人共産主義者として参加した。

(9) 本節の記述の多くは毛里和子著『周縁からの中国　民族問題と中国』(一九九八年、東京大学出版会)に負っている。

第Ⅱ部　民主的な選挙制度を求めて

民意を忠実に反映する選挙制度を！

——完全比例代表制と大・中選挙区比例代表併用制

議会制民主主義の基本である民意を忠実に反映する選挙制度

選挙制度は議会制民主主義の基本であり、それは民意を正確に反映するものでなければならない。本来は、人民自らが議決に参加する直接民主制が理想であるが、大規模化し、複雑化した近現代社会にあっては、多くを議会制民主制で行うほかない。

直接民主制に代わる次善の策としての議会制民主制は、できるだけ民意を正確に反映するものでなくてはならない。その民意を議会に反映させるための主要な手段が選挙である。そしてその民意の反映は平等になされねばならず、一票格差などあってはならないのである。

この「一票格差」とともに、民意を正しく議会の構成に反映させないものとして「死票」の問題がある。「死票」は地域的な「一票格差」とは違うものの、有権者の意見を平等に議会の構成に反映させないという意味では、別の意味での「一票格差」ともいえる。

民意をゆがめる小選挙区制

小選挙区制は、相対的多数の票を取った候補者がその選挙区の議席を独占する選挙制度であり、たとえ一票でも他の候補者より多く得票した候補者が当選し、それ以外の候補者に投じられたすべての票は「死票」となる。当然、得票率と議席獲得率の乖離が最も大きくなる選挙制度である。たとえば二〇〇九年八月の衆議院総選挙では「死票」が三二七〇万票＝四六・三％にも及び、得票と獲得議席との乖離が著しく生じた。小選挙区で民主党は得票率四七・四％で七三・六％の議席を獲得。反対に自民党の得票率は三八・七％にも関わらず議席獲得率は二一・三％にとどまった。第三党以下はさらに得票と獲得議席の乖離が著しい。得票率という「民意」が非常に歪められてしまうのである。

このように小選挙区制は少数政党に非常に不利な選挙制度であり、少数意見、少数派の代表を議会の構成から排除する選挙制度である。逆に言えば既存の大政党にきわめて有利な選挙制度であり、人為的に「二大政党制」を作り出す選挙制度である。

価値観が多様化した今日、「二大政党」で多様な意見を代表することはできない。シングルイッシューの要求も多様である。それらの多様な意見や要求、政策を議会に反映する政党や議員も必要なのである。

民意を最も正確に反映する比例代表制

政党の得票率に応じて最も正確に議席数を反映するのが比例代表制である。従って民意を正確に反映することを根本とする選挙制度としては「比例代表制」を採ることが最も望ましいと私は考える。

有権者の投票行動を比例的に議会構成に反映する「比例代表制」ではなく、相対的に多数の票を獲得した者が代表権を獲得（独占）する「多数代表制」のもとでは、相対的少数派の代表権は切り捨てられる。政党を基準としないまったくの個人候補間の選挙であれば、選挙区での当選者を一人（小選挙区制）にするか複数（中選挙区制・大選挙区制）にするかの違いにより、「死票」の発生程度に大きく影響する（小選挙区制において最大の「死票」が発生する）ものの、「多数代表制」を採ることはやむをえないが、今日のように政党政治を中心として、議会、政治が運営されている社会にあっては、また政党を基準に有権者が投票するとしたら、その政党支持を議会構成に正しく比例的に反映させる「比例代表制」を採用する必要がある。

ただし「比例代表制」は政党政治を前提とした選挙制度であり、「無所属候補」を排除ないし不利にする選挙制度ともいえる。「無所属候補」を排除することは少数派、少数意見の尊重という観点からも、個人の立候補権、被選挙権の観点から言っても問題であるし、「無所属候補」に対する配慮は、比例代表制を採用するにあたっても留意する必要がある。

しかし現代の政治が政党政治を基盤として運営されている以上、政党中心の選挙制度、その支持率を正確に議会に反映させる選挙制度である「比例代表制」を採ることはやむを得ないと私は考える。従って比例代表制を基本としつつも、「無所属候補」、さらには全国レベルではたいして得票ができないものの、特定の地域では一定の支持を得ている「地域政党」などに対する配慮、制度的保証も何らかの形で必要になり、それについては後述する。

比例代表制は、各党の得票率に応じて議席を配分するので、最も「死票」の少ない選挙制度である。それは全国を単一の選挙区として得票を集計し、議席を配分する場合に、最も「死票」が少なくなり、その単位となる選挙区を分割すればするほど「死票」が出ることになる。つまり少数政党は全国でまとめれば、ある程度、得票が集まっても、分散すれば、当選ラインに達しない可能性が高まるためである。従って比例代表制でも、選挙区を細かく分割することは好ましくなく、「死票」を少なくするという観点からは、全国を単一の選挙区とすることが望ましいと思う。

ところで比例代表制では、各政党は立候補者の名簿（リスト）を提出して選挙に臨むが、得票率に応じて各党に配分された議席数の内、具体的にどの候補者を当選させるかについて、政党が予め付けた当選優先順位に従って当選者を決定し、投票した有権者がその順位を変更できない拘束名簿式よりも、政党が付けた順位に拘束されず、あるいは政党は順位そのものを付けずに提示し、得票数に応じて上位から当選する非拘束名簿式の方が望ましいと私は考える。その方が、誰を当選させるかの具体的な選定にあたって有権者の意向が反映されるからである。拘束式だと、あまりにも党執行部の意向が強くなり、有権者の意向が反映されにくくなる。特にどの党にも所属しない有権者の意向はなおさら反映しにくくなるからである。

地域と個人を重視した小選挙区比例代表併用制

ドイツなどで採用されている「小選挙区比例代表併用制」は、現在、日本の衆議院選挙で採用されている、小選挙区制に重点を置く「小選挙区比例代表並立制」とは異なり、比例代表制に重点を置いた制度であり、各政党の得票数に応じた議席配分という点では、比例代表制そのものである。異なるのは、個々の当選者の決定に当たって、小選挙区の当選者から、当選させてゆくという違いである。そして比例代表の得票率に応じて決定された配分議席にその党の小選挙区当選者数が達しない場合は、政党の用意した順位に従って比例代表の当選者を決めてゆく。小選挙区の当選者は、必ず当選者となるので、小選挙区の当選者数が比例得票数に応じた配分議席数を上回る場合には、その政党は配分議席を超えて当選者（超過議席）を出すこともありうるので、その場合は、得票率と議席獲得率の乖離も起こりうる。小選挙区制や小選挙区比例代表並立制よりははるかにその乖離は小さいものの、単純比例代表制よりは、その乖離は大きくなる。また小選挙区では、大政党に有利になる。小政党に投票しても当選しない（死票になる）ことを恐れて、大政党の候補者に投票するという有権者の投票行動を呼び起こすという意味で、やはり大政党に有利な制度という側面は残る。

政党の得票率と議席獲得率の乖離を防ぐためには、小選挙区での当選者数が比例得票に応じた配分議席数を超える場合には、小選挙区の当選者を無条件に全員当選させるドイツ方式ではなく、超過議席を発生させることなく、比例配分の議席数の範囲内にとどめ、小選挙区でどれだけ相対的に多く得票したか（惜敗率の逆の発想）によって当選者を決定してゆく方法も考えられてよい。そうすれば超過議席が発生することもなく、各党の得票率と議席獲得率の乖離も防ぐことができる。

小選挙区比例代表併用制のもう一つの特徴は、得票率に応じた議席配分という比例代表制の長所と、個人を重視した、地域に密着した候補を選べる、地域に密着した選挙運動を行えるという小選挙区制の長所を組み合わせた点である。比例代表制の場合、政策本位の選挙戦になり、その点では好ましいのであるが、政党や政党が作成した候補者リストに基づいて投票するので、候補者個人に投票する小選挙区制や中選挙区制と違って、地域に生活する有権者にとっては身近に感じられない側面がある。とりわけ、全国単一選挙区の場合は、地域からは疎遠な候補が並ぶことになりやすいし、拘束名簿式の場合は、有権者は候補者個人を選択することもできない。

先に述べたように比例代表制の欠陥として、政党を基本とする選挙制度のため、無所属候補を排除することになるという批判がある。確かに無所属候補にも立候補権、被選挙権があるのであり、排除されるべきではない。

この無所属候補の問題でも、「小選挙区比例代表併用制」の応用が一つの解決策になるのではないかと私は考える。併用制の内の小選挙区部分を無所属候補も立候補できるようにする。そして小選挙区で一位となった候補は、政党所属の候補同様当選者にする。そして各党の比例得票に基づく議席配分からは、予めこの無所属候補の当選数を除き、残余議席を各党に比例配分する。そうすれば、定数を変動させることなく、無所属候補も小選挙区で当選できるようになるのである。

この方式は、無所属候補だけでなく、小選挙区には、その地域で活動する地域政党・ローカルパーティーも候補を立てられるようにすれば、国政にそれら政党の議席を反映できる。この場合も無所属候補と同じように、全国政党とは区別して、予め、その地域政党の当選者を除いて、残余議席を全国政党の得票率に応じて議席配分するということも考えられる。

衆議院と参議院の望ましい選挙制度

現行の日本の国会選挙制度は、衆議院は小選挙区比例代表並立制（比例代表は、全国を一一の地域ブロックに分ける、拘束名簿式比例代表制）、参議院は定数一～五の選挙区選挙と全国を単一の選挙区とする非拘束名簿式比例代表制の組み合わせであるが、二院制を採る以上、両院は違った機能を果たすのでなければ意味がない。現行の日本国憲法では、衆議院の参議院に対する優越が定められている。予算、法律案の可決、内閣総理大臣の指名、内閣不信任案の可決、条約の承認などにおいてである。それは、衆議院には解散があることや参議院よりも任期が短いことから、衆議院は参議院より国民の意思、民意により近いと考えられているためである。

従って衆議院は何よりも民意を正確に反映することが必要である。死票を出さず、少数派政党も含めて、最も正確に民意を反映する選挙制度は、全国単一選挙区の完全比例代表制である。私は衆議院においては、これを採用することがベストだと考える。また候補者選定における有権者の意向をより反映させるという意味では、拘束名簿式より非拘束名簿式の比例代表制の方が望ましいと私は考える。

ただし現実の政治情勢、各党の勢力配置からいって、いきなりこの純粋比例代表制を実現することは困難だと思う。善し悪しはあっても、この間、国民の間に「小選挙区比例代表並立制」が定着してきていることを考えると、いきなり完全比例代表制に行くよりも、「小選挙区比例代表並立制」から「小選挙区比例代表併用制」に変える方がやりやすいのではないか、実現可能性が高いのではないかとも思われる。地域密着型の小選挙区制の要素を残すということも、当面は必要ではないかとも思う。もっとも地域密着型といっても、それは半面、政策論議の軽視や、地元利益誘導や地元の有力者に有利等、腐敗やマイナス面にも結び付きやすい面を持っており、保守層に有利な側面（自公協力も含めて）もあるが、一気に完全比例代表制に移行できないのであれば、それに移行するための過渡的形態、次善の策として、「小選挙区比例代表併用制」は有力な方法になると思う。ドイツにおける実績も意味を持つ。

もっとも前述したように、小選挙区比例代表併用制でも小選挙区選挙においては大政党有利に働くし、無所属候補の当選困難性の緩和という面からいっても、小政党や無所属候補にもより公平な中選挙区制や大選挙区制との組み合わせである「中選挙区比例代表併用制」ないし「大選挙区比例代表併用制」の方が「小選挙区比例代表併用制」より望ましいと私は考える。

また小選挙区比例代表併用制を採るにせよ、あるいは大選挙区制や中選挙区制との比例代表併用制を採るにせよ、各党の得票率と議席獲得率の乖離を生じさせないためには、ドイツ方式のように超過議席を認めるのではなく、無所属候補を除いて、各党への議席配分は、あくまで比例配分議席の範囲にとどめるべきだと思う。

参議院に衆議院とは違った機能を発揮させる、違った層、側面を代表させるとすれば、衆議院で完全比例代表制を採用するのであれば、参議院では中（大）選挙区比例代表併用制を採用する、あるいはその逆に衆議院で中（大）選挙区比例代表併用制を、参議院で完全比例代表制を採用することも考えられる。また同じ比例代表制でも、衆議院では全国単一選挙区にして、参議院では地域ブロック別にして、地域代表の要素も加味するなども考えられる。

また衆議院で、政党本位の比例代表を採用するのであれば、参議院には無所属枠を設けるなど工夫されてよい（かつては参院では無所属を重視している時代もあった）。

なお資力によって立候補権を事実上制限する供託金制度は法の下の平等に反する制度であり、廃止すべきである。また選挙運動を大幅に制限し、市民の自由な選挙運動参加を妨げている現行の公職選挙法も抜本的に改正すべきである。

上田哲の小選挙区制違憲裁判闘争

小選挙区制違憲訴訟の東京高裁への提訴

ＮＨＫ労働組合委員長から一九六八年に参議院議員に当選し、いらい衆議院議員ともなり九三年六月まで社会党の衆議院議員だった上田哲氏は、一九九四年一月二九日、社会党を離党した。社会党が、所属議員に小選挙区制への賛成投票を党議拘束し、その日に衆議院でほとんどの同党議員が賛成投票したからである。前年の細川護熙政権の誕生以後、その与党となった社会党は、安保、自衛隊、原発など主要な問題で相次いで、それまでの態度を豹変して妥協を重ねていた。

一九九三年に衆議院の解散によって議員ではなくなった上田氏は、その際の総選挙に立候補したが落選した。さらに九八年三月二九日の衆議院東京第四区の補欠選挙に「無所属」として立候補したが、落選した。この小選挙区選挙で「無所属候補」と「政党候補」との余りの格差・差別に直面した上田氏は、同年四月二八日、この補欠選挙について、「政党と無所属候補の選挙活動を差別する公職選挙法は違憲」と主張して選挙無効を求めた訴訟を東京高裁民事第一七部に提訴した。公権力の行使の違法・違憲を直接的に争い、その取り消しや無効確認を求めるという「行政訴訟」という形での提訴であり、選挙に関する行政訴訟の第一審は地裁ではなく東京高裁である。公選法第二一三条では、「第一項　選挙の裁判は案件を受理した日から一〇〇日以内に、これを行わなければならない。／第二項　前項の訴訟については、裁判所は他の訴訟の順序に関わらず、速やかにその裁判をしなければならない」となっている。早く決着しないと、裁判の意味がなくなるからである。

小選挙区比例代表並立制が法制上設けている選挙活動条件の差別は次の通りである。

- 政見放送：政党候補者には四放送局各四分↑↓無所属候補者には一切認められず。
- 選挙事務所：政党候補には二カ所、党事務所は無数↑↓無所属候補には一カ所のみ。
- ポスター：政党候補者には候補者全員を並べて貼る掲示板のほかに、その倍ほどの大きさの大判ポスターを一〇〇〇枚、貼付場所も自由↑↓無所属候補者は、大判ポスターの掲示は一切認められず。
- 公選はがき：政党候補には五万五〇〇〇枚↑↓無所属候補には三万五〇〇〇枚。
- 公選ビラ：政党候補には九万枚↑↓無所属候補には七万枚。
- 宣伝車：政党候補者には候補者カー一台のほかに、政党宣伝車を無制限↑↓無所属候補者には一台のみ。
・マイク：政党候補者には政党宣伝車を利用して無制限↔無所属候補者は候補者カーの一セットのみ。
・トランジスタメガホン：政党候補者は無制限↔無所属候補者は禁止。
このように現行の小選挙区比例代表並立制の下では、政党候補と無所属候補の間では著しい差別がある。

小選挙区比例代表並立制を「希代の悪法」とする論拠

上田哲氏は、小選挙区比例代表並立制を「希代の悪法」だと断じているが、その根拠は以下のとおりである。

①この制度を作った本音は、協和、ロッキード、リクルートと打ち続く「構造汚職」（この言葉は上田氏の造語）に対して国民のなかで政界浄化の声が高まった情勢の下で、自民党の悪徳政治家が悪知恵をたくみに働かせて選挙制度にすり替えたものである。

②そのすり替えの理屈は、「もともと、汚職がこんなに起こるのは、選挙に金がかかりすぎるからであり、それは自民党の派閥の数が中選挙区の議員定数より多いため、互いに無理して金を使うからである。よって、一人区にすれば無駄な金は使わなくて済む。この際、汚職の源となる

企業からの献金を五年後に打ち切って、税から政党へ助成金を分配することにしよう」という屁理屈である。選挙に巨額の金を使うのは自民党であって、まさに自民党の党略そのものであった。現実には選挙区が小さくなった分サービス競争にもっと金がかかるし、税金からの政党助成と引き替えに無くなるはずだった企業献金も約束の五年目に、廃止しないことにした。これは〝詐欺〟である。

③二大政党への道だとか、政権交代がしやすいなどとは、真っ赤なウソである。政党中心の政治という名目で、小政党や個人の立候補や当選を拒む「政党要件」という足切り制度を新設した。その結果、国会は二世、三世の世襲議員ばかりとなり、政権ほしさの無原則な連立で超大与党が出現する一方、野党は自ら牙を棄てて政権に擦り寄っていく。公明党や社民党を見ればいい。民主党はただの自民党予備軍で、その利権の受け皿にしか過ぎず、今日の自民党の凋落は民主党の追及によるものではない。こうして小選挙区比例代表並立制は果てしなく政治を堕落させていくことになる。

また上田氏は小選挙区比例代表並立制が、大政党の裁量で直接選挙によらない候補者に議席を与える制度となったことを批判する。大政党は、政党内の少数幹部が候補者選考を恣意的に行うことができることになり、特に比例区では政党の人気取り選挙戦術として、全く政治的実績もないタレントや有名人を、突然、政党候補者として祭り上げ、政策を選挙民に説く努力もなく易々として当選させることが常套的となってきている。この現状を上田氏は批判する。

小選挙区制違憲訴訟・東京高裁判決の問題点

東京高裁の判決は一九九八年九月二一日に出された。

「主文　一、原告らの請求を棄却する。／二、訴訟費用は原告らの負担とする」。

つまり、上田氏の敗訴である。

判決文は、かなり長文であるが、その骨子となるのは、末尾に記されている「無所属候補は一定の範囲において選挙運動の不均衡を甘受すべきであると解される」の一行に尽きる。そして「（政党候補者の運動に）逸脱したものがあったということはできるが、その範囲を超えたかどうかはもともと一律に決定することは困難である」というものであった。上田氏は「ハナシにならない。裁判所への期待は甘かった」と憤慨する。

しかし、マスコミはこの判決を「東京高裁の判決は率直に差別の実態を認め、その誤りが選挙結果にも一定の影響があったことを認定した」と評価した。上田氏は「まあ、相撲であれば、三勝一二敗というところか。それでも甘いか」と評価したが、直ちに最高裁に上告した。

最高裁判所での闘い

最高裁での審理の過程を整理してみよう（関連事項も記載）。

一九九五年　一月一一日　国民投票問題で東京地裁民事部に提訴・受理。
一九九八年　三月二九日　衆議院補欠選挙に上田立候補　無所属　落選。
一九九八年　四月二八日　東京高等裁判所第一七民事部に提訴。
一九九八年　九月二一日　東京高裁判決。
一九九八年一〇月　二日　最高裁判所に上告。
二〇〇〇年　二月一六日「裁判を大法廷に回付する」と通知。
　「読売新聞」の報道：「第二小法廷では、公選法〔小選挙区制法〕を違憲とする意見が多数を占めた可能性がある」。
二〇〇〇年　四月二五日　最高裁で打ち合わせ　書記官は上田の「弁論」を七月五日にしたいと通告。原告はその日時設定に反対。
二〇〇〇年　六月　八日　最高裁の調査官から「違憲訴訟を取り下げて貰いたい」と電話。
二〇〇〇年　六月一三日　衆議院選挙に東京比例区から上田立候補。二五日投票、落選。
二〇〇〇年　六月二一日　最高裁大法廷が七月五日予定の「弁論」を取り消す。
二〇〇〇年　六月二八日　第二小法廷書記官から「第二小法廷で審理することになった」と通知書。
二〇〇〇年　七月一〇日　最高裁の調査官から「第二小法廷の弁論を認める」と通告。

二〇〇〇年　九月二九日　上田本人の口頭での「弁論」。きわめて異例。
二〇〇〇年一一月一〇日　判決。

以上の経過を一瞥しただけで、最高裁の異常さが分かる。年に二、三回しか開かない「大法廷に回付」しておきながら、「違憲訴訟を取り下げて貰いたい」と電話してきたり、勝手に決めた大法廷での「弁論」を取り消したり、急に「第二小法廷で審理する」と二転三転した。

なお、付記すると、東京高裁に提訴した直後に『月刊現代』で、小選挙区制の区割り法を成立させた社会党の村山富市首相とその際に自治大臣だった自民党の野中広務氏が対談した。タイトルは「小選挙区制を廃さねば国は滅ぶ」。二人は、小選挙区制を廃止することが「我々の努めだ」とまで語った（『月刊現代』一九九八年七月号）。

弁護団は、本田敏幸、高橋理一郎、高橋富雄、梅澤幸二郎の四人。四氏は上田氏の主張に賛同して献身的に協力した。

小選挙区制の是非の判断を避けた最高裁

最高裁の判決についてだけ説明しよう。

「裁判を大法廷に回付する」ことになった経過があったことから、前記の「読売新聞」の報道のように、マスコミでも違憲判決が出るのではないかと推測され、当日は最高裁にマスコミもたくさん押しかけた。しかし、判決はとんでもないものだった。北川弘治裁判長は、「原判決を破棄する。本件訴えを却下する。訴訟の費用は上告人らの負担とする」と告げただけであった。

裁判長が判決を読み上げると、四人の裁判官は、まるで先を争って法廷から逃げ去るように背後の扉に消えた。すかさず、上田氏は立ち上がって「法理が、ない！」「これでは最高裁は無用ではないか！」と大声で叫んだ。不意の大声に北川裁判長はギョッと半身振り向いた。その視線の一瞬の交錯が司法と国民との、傲慢と不信の接点であった。小法廷は五人の判事で構成されているが、河合伸一判事は弁論の時も判決の時も欠席のままで、四人の判事しか出席していない。法的には判事は三人でもいいことになっているらしいが、欠席の理由の説明もされない。このように最高裁の国民蔑視の傲慢さは、なんとも異常だ。

そもそも最高裁は、判決にあたって「原告の上田哲さんは来ないでほしい」と言ってきた。弁護士が、「それならわれわれ弁護団が出廷しないから、上田さんを出してくれ」と抗議し、「それでは双方認めよう」ということになった。このような最高裁による国民の権利の無視は、傍聴人の扱いについてもいえる。傍聴人は裏口の南門に、雨がぱらつく中、何の覆いもない青天井の石畳の上に、開廷まで一時間以上並ばされるのに対して、傍聴人の通れない正面広場には大型観光バスを迎え入れて、「国民の最高裁」をＰＲしている。裁判に関係のない人々にはニコニコ顔を見せて、真剣に訴訟に訴えてきた者には鬼のような顔で威張る。

東京高裁でも小選挙区制の差別が「選挙結果にかなりの影響を及ぼした」と認めている。しかし最高裁判決はそれすら認めなかった。主文は裁判長が読んだとおりの三下り半。そして判決理由は一ページ足らず。「衆議院解散によって選挙の効力は将来に向って失われたものと解すべきである。そうすると、本案の判断をして上告人らの請求を棄却した原判決は破棄を免れず、本件訴えを却下すべきである。よって、裁判官全員一致の意見で、主文のとおり判決する」というものだった。

上田氏は「あいた口がふさがらないということはこういうことだ」とこの判決に憤った。

上田氏らは東京地裁の中の「司法記者クラブ」で記者会見をし、上田氏は「最高裁は手の込んだ仕方で七〇〇日もかけて裁判を解散のあとに送り、裁判を無効にしたのは一方的に最高裁の策謀です。これは許せません。直ちに次の追及の手続きに移ります」と述べた。

判決の日にマスコミがこんなに注目したのも、最高裁がこんなに見苦しい肩すかしをして逃げたのも、これが、小選挙区制の中身を弾劾する初めての裁判だったからだ。上田氏の訴えは、「立候補も制限されるし、選挙活動に差別が設けられている。これは民主主義の基本にもとり、積極的な差別の制度化であり、憲法違反である」というものであり、量的是正請求ではなく、質的な欠陥の指摘である。それまでに例があった、無理矢理の区割りで、選挙民の一票の重みが歪んだから訴えるというようなものではなかった。この程度なら、裁判所は「まあ、その程度ならよかろう。我慢せよ」と訴えを斥けて済ますことができた。だが、上田氏の訴えは立法の原理に関わるもので、最高裁は「まあ、この程度の差別ならよかろう」とは言えない。

国民投票法裁判

上田氏が闘ったもう一つの裁判「国民投票法裁判」についてごく簡単に触れておこう。「国民投票法案」は上田氏が生涯のテーマとして取り組んできた国民投票制度を実現しようとする法案である。もちろん二〇〇七年に自公与党が憲法を改悪するために強行採決した、改憲のための「国民投票法」（日本国憲法の改正手続に関する法律）とは決定的に違う。それは議会政治という間接民主主義に直接民主主義の回路をつなぐためのものであり、①議会制民主主義を根幹としてそれを主権者の意思で補完する制度とする。②国民投票のテーマの発議は国会におき、投票の結果はただちに法の改廃に直結するものとしないが、国会はこの民意を最大に汲み上げるものとする。③以上の立場から、現行憲法を改正することなく、現憲法下での国民投票法制とする。——という内容で、衆議院法制局の協力も得て、法案化を進めた。議員が予算を伴う法律案を発議するには、衆議院で五〇人以上の賛成を必要とするという国会法五六条の規定に則って、発議者のほかに九三名の代議士の賛成署名を集め、一九九三年六月一四日、衆議院議事課に提出した。ところが、当時の社会党の国会対策委員長村山富市氏の承認印がないことを理由にして法案の受付が拒まれた（村山氏の承認印が必要だという法的根拠は何もない）。国会は国民投票制度に無関心だったというより、この法案に強い「敵意」を抱いていた。とくに当時の社会党は、国民投票制度は憲法第九条改悪に繋がるとする風潮が一般的であった。そうこうしているうちに四日後の六月一八日に衆議院が解散になった。上田氏は「国民投票制の実現」を掲げて、東京二区から社会党候補として立候補したが、労働組合の「連合」が上田氏を狙い撃ちにして妨害し、上田氏は落選した。その後、一九九五年一月一一日に上田氏は、国民投票法案の国会による受理拒否は違憲だとして東京地裁に提訴した。しかし裁判所は一審から最高裁まで「国会の言うことには裁判所は口を出さぬ」という態度を変えず、上田氏の敗訴となった。

むすび

上田哲氏の「小選挙区法・違憲」訴訟は、現行の小選挙区比例代表並立制に対する問題点を司法の場で明らかにしたという点で意義がある。またその過程で、村山富市氏ら旧社会党執行部や土井たか子衆議院議長（当時）の小選挙区制導入への加担、裏切りも法廷で明らかにされた。また日本の司法の在り方や体質の問題点、「司法消極主義」の問題点を鋭く告発することになった。上田氏は、裁判所、取り分け最高裁判所の国民を無視した権威主義、事なかれ主義と政権や立法府への追従、そして何よりも国民蔑視の傲慢さを赤裸々に暴いている。

だが、この訴訟は上田氏が立候補し、落選した小選挙区の補欠選挙について、「政党と無所属候補の選挙活動を差別する公職選挙法は違憲」と主張して選挙無効を求めた訴訟であり、小選挙区制や小選挙区比例代表並立制自体の本質的な問題点、つまり少数意見、小政党を切り捨て、民意を反映しない非民主的な制度であるという点を正面にすえたものではなかった。

しかし、上田氏による裁判闘争はきわめて意義のある闘いとして歴史に記録されるであろう。

〔この小論は、上田哲『上田哲が、一人で最高裁を追いつめた本邦初の裁判「国民投票法・合憲」「小選挙区法・違憲」逃げた首相と議長と裁判官たち』（データハウス、二〇〇一年）による。

あとがき

本書収録の論文の初出は下記のとおりである。

- 「社会主義社会をどのように構想し実現するか」（新稿）
- 「社会主義的変革の可能性と困難性」（『プランB』第二三号、ロゴス、二〇〇九年一〇月）
- 「ベーシックインカムと資本主義、社会主義」（社会主義理論学会編『資本主義の限界と社会主義』時潮社、二〇一二年）
- 「〈生活カード制〉の意義と懸念」（『カオスとロゴス』第五号、ロゴス、一九九六年六月）
- 「モンドラゴン協同組合の経験」（『もうひとつの世界へ』第一四号、ロゴス、二〇〇八年四月）
- 「岐路に立つモンドラゴン協同組合企業グループ」（新稿）
- 「マルクス主義と民族理論・民族政策」（社会主義理論学会編『マルクスと21世紀社会』本の泉社、二〇一七年）
- 「民意を忠実に反映する選挙制度を！」（小選挙区制廃止をめざす連絡会編『議員定数削減NO！』ロゴス、二〇一一年）

・「上田哲の小選挙区制違憲裁判闘争」（小選挙区制廃止をめざす連絡会編『小選挙区制ＮＯ！』ロゴス、二〇〇八年）

新規の書き下ろし論文「社会主義社会をどのように構想し実現するか」は、私の能力不足と時間的制約から、私としては大変不十分なものになってしまったのが心残りである。今後さらに論考を深めて、新たな論文に仕上げたいと思っている。

また「モンドラゴン協同組合の経験」で私が高く評価した、その中心的企業「ファゴール家電協同組合」（スペイン最大手であった家電メーカー）が二〇一三年に多額の負債を抱えて倒産するという事態に至ったため、その原因や改めての評価を含めて、「モンドラゴン協同組合企業グループ――ファゴール家電の倒産に直面して」という補足的論文を付した。

最後の収録論文「上田哲の小選挙区制違憲裁判闘争」は上田哲氏自身が書かれた裁判記録を基にまとめたものであり、私の論文として収録するには躊躇があったが、不合理な現行の選挙制度、公職選挙法をめぐる裁判闘争として貴重な記録なので、あえて収録した。

私の書き下ろし論文執筆の相次ぐ遅延にもかかわらず、辛抱強く出版をサポートしていただいた村岡到氏に深く感謝したい。

二〇一七年一一月

紅林　進

紅林 進（くればやし すすむ）

1950年生れ。

法政大学経済学部卒、その後、公務員や学校職員、図書館員などを経て、フリーライター。

現在、社会主義理論学会委員。

民主制の下での社会主義的変革

2017年12月8日　初版第1刷発行

著　者　　紅林　進
発行人　　入村康治
装　幀　　入村　環
発行所　　ロゴス
〒113-0033　東京都文京区本郷2-6-11
TEL.03-5840-8525　FAX.03-5840-8544
URL http://logos-ui.org
印刷／製本　株式会社 Sun Fuerza

定価はカバーに表示してあります。 ISBN978-4-904350-46-1　C0031